TRANZLATY

La Langue est pour tout le Monde

A nyelv mindenkié

L'appel de la forêt

A vadon hívó szava

Jack London

Français / Magyar

Dans le primitif
A primitívbe

Buck ne lisait pas les journaux
Buck nem olvasott újságot.
S'il avait lu les journaux, il aurait su que des problèmes se préparaient.
Ha olvasta volna az újságokat, tudta volna, hogy baj van készülőben.
Il y avait des problèmes non seulement pour lui-même, mais pour tous les chiens de la marée.
Nemcsak őrá, hanem minden dagályvízi kutyára is várt a baj.
Tout chien musclé et aux poils longs et chauds allait avoir des ennuis.
Minden erős izmú és meleg, hosszú szőrű kutya bajba kerülhet.
De Puget Bay à San Diego, aucun chien ne pouvait échapper à ce qui allait arriver.
Puget-öböltől San Diegóig egyetlen kutya sem menekülhetett a közelgő események elől.
Des hommes, tâtonnant dans l'obscurité de l'Arctique, avaient trouvé un métal jaune.
A sarkvidéki sötétségben tapogatózó férfiak sárga fémre bukkantak.
Les compagnies de navigation et de transport étaient à la recherche de cette découverte.
Gőzhajózási és közlekedési vállalatok üldözték a felfedezést.
Des milliers d'hommes se précipitaient vers le Nord.
Több ezer férfi rohant be Északföldre.
Ces hommes voulaient des chiens, et les chiens qu'ils voulaient étaient des chiens lourds.
Ezek az emberek kutyákat akartak, és a kutyák, amiket akartak, nehéz kutyák voltak.
Chiens dotés de muscles puissants pour travailler.
Erős izmokkal rendelkező kutyák, amelyekkel megdolgozhatnak.

Chiens avec des manteaux de fourrure pour les protéger du gel.

Szőrös bundájú kutyák, hogy megvédjék őket a fagytól.

Buck vivait dans une grande maison dans la vallée ensoleillée de Santa Clara.

Buck egy nagy házban lakott a napsütötte Santa Clara-völgyben.

La maison du juge Miller s'appelait ainsi.

Miller bíró lakása, az ő házát hívták.

Sa maison se trouvait en retrait de la route, à moitié cachée parmi les arbres.

A háza az úttól beljebb állt, félig elrejtve a fák között.

On pouvait apercevoir la large véranda qui courait autour de la maison.

Megpillanthatták a házat körülvevő széles verandát.

On accédait à la maison par des allées gravillonnées.

A házat kavicsos kocsifelhajtók közelítették meg.

Les sentiers serpentaient à travers de vastes pelouses.

Az ösvények széles gyepen kanyarogtak.

Au-dessus de nos têtes se trouvaient les branches entrelacées de grands peupliers.

Magas nyárfák összefonódó ágai hajoltak a fejük felett.

À l'arrière de la maison, les choses étaient encore plus spacieuses.

A ház hátsó részében még tágasabbak voltak a dolgok.

Il y avait de grandes écuries, où une douzaine de palefreniers discutaient

Voltak ott nagy istállók, ahol egy tucat lovász beszélgetett

Il y avait des rangées de maisons de serviteurs recouvertes de vigne

Sorokban álltak a szőlővel befuttatott cselédkunyhók

Et il y avait une gamme infinie et ordonnée de toilettes extérieures

És végtelen és rendezett sora volt a melléképületeknek

Longues tonnelles de vigne, pâturages verts, vergers et parcelles de baies.

Hosszú szőlőlugasok, zöld legelők, gyümölcsösök és bogyóskertek.

Ensuite, il y avait l'usine de pompage du puits artésien.

Aztán ott volt az artézi kút szivattyútelepe.

Et il y avait le grand réservoir en ciment rempli d'eau.

És ott volt a nagy cementtartály, tele vízzel.

C'est ici que les garçons du juge Miller ont fait leur plongeon matinal.

Itt tették meg reggeli csobbanásukat Miller bíró fiai.

Et ils se sont rafraîchis là-bas aussi dans l'après-midi chaud.

És ott hűsöltek is a forró délutánon.

Et sur ce grand domaine, Buck était celui qui régnait sur tout.

És e hatalmas birtok felett Buck uralkodott.

Buck est né sur cette terre et y a vécu toutes ses quatre années.

Buck ezen a földön született, és itt élt mind a négy évében.

Il y avait bien d'autres chiens, mais ils n'avaient pas vraiment d'importance.

Valóban voltak más kutyák is, de azok nem igazán számítottak.

D'autres chiens étaient attendus dans un endroit aussi vaste que celui-ci.

Más kutyákra is számítottak egy ekkora helyen.

Ces chiens allaient et venaient, ou vivaient à l'intérieur des chenils très fréquentés.

Ezek a kutyák jöttek-mentek, vagy a forgalmas kennelekben éltek.

Certains chiens vivaient cachés dans la maison, comme Toots et Ysabel.

Néhány kutya elrejtve élt a házban, mint például Toots és Ysabel.

Toots était un carlin japonais, Ysabel un chien nu mexicain.

Toots egy japán mopsz, Ysabel egy mexikói szőrtelen kutya volt.

Ces étranges créatures sortaient rarement de la maison.

Ezek a különös lények ritkán léptek ki a házból.

Ils n'ont pas touché le sol, ni respiré l'air libre à l'extérieur.

Nem érintették a földet, és nem szagolgatták a szabad levegőt sem.

Il y avait aussi les fox-terriers, au moins une vingtaine.

Ott voltak a foxterrierek is, legalább húszan.

Ces terriers aboyaient férocement sur Toots et Ysabel à l'intérieur.

Ezek a terrierek vadul ugatott Tootsra és Ysabelre bent.

Toots et Ysabel sont restés derrière les fenêtres, à l'abri du danger.

Toots és Ysabel ablakok mögött maradtak, biztonságban a bajtól.

Ils étaient gardés par des domestiques munies de balais et de serpillères.

Seprűkkel és felmosórongyokkal felfegyverzett szobalányok őrizték őket.

Mais Buck n'était pas un chien de maison, et il n'était pas non plus un chien de chenil.

De Buck nem volt házkutya, és nem is kennelkutya.

L'ensemble de la propriété appartenait à Buck comme son royaume légitime.

Az egész birtok Bucké volt, mint jogos birodalma.

Buck nageait dans le réservoir ou partait à la chasse avec les fils du juge.

Buck a tartályban úszott, vagy a Bíró fiaival vadászott.

Il marchait avec Mollie et Alice tôt ou tard le soir.

Mollie-val és Alice-szel sétált a kora reggeli vagy a késői órákban.

Lors des nuits froides, il s'allongeait devant le feu de la bibliothèque avec le juge.

Hideg éjszakákon a könyvtár kandallója előtt feküdt a bíróval.

Buck a promené les petits-fils du juge sur son dos robuste.

Buck erős hátán lovagolta a Bíró unokáit.

Il roula dans l'herbe avec les garçons, les surveillant de près.

A fiúkkal hempergett a fűben, és szorosan őrizte őket.

Ils s'aventurèrent jusqu'à la fontaine et même au-delà des champs de baies.

Elmerészkedtek a szökőkúthoz, sőt, még a bogyósföldek mellett is elhaladtak.

Parmi les fox terriers, Buck marchait toujours avec une fierté royale.

A foxterrierek között Buck mindig királyi büszkeséggel sétált.

Il ignora Toots et Ysabel, les traitant comme s'ils étaient de l'air.

Nem törődött Tootsszal és Ysabellel, úgy kezelte őket, mintha levegő lenne.

Buck régnait sur toutes les créatures vivantes sur les terres du juge Miller.

Buck uralkodott Miller bíró földjén élő összes élőlény felett.

Il régnait sur les animaux, les insectes, les oiseaux et même les humains.

Uralkodott állatok, rovarok, madarak és még emberek felett is.

Le père de Buck, Elmo, était un énorme et fidèle Saint-Bernard.

Buck apja, Elmo egy hatalmas és hűséges bernáthegyi volt.

Elmo n'a jamais quitté le juge et l'a servi fidèlement.

Elmo soha nem hagyta el a Bíró oldalát, és hűségesen szolgálta őt.

Buck semblait prêt à suivre le noble exemple de son père.

Buck láthatóan kész volt követni apja nemes példáját.

Buck n'était pas aussi gros, pesant cent quarante livres.

Buck nem volt egészen olyan nagy, száznegyven fontot nyomott.

Sa mère, Shep, était un excellent chien de berger écossais.

Az anyja, Shep, kiváló skót juhászkutya volt.

Mais même avec ce poids, Buck marchait avec une présence royale.

De még ekkora súly mellett is Buck királyi tekintéllyel járt.

Cela venait de la bonne nourriture et du respect qu'il recevait toujours.

Ez a jó ételnek és a mindig kapott tiszteletnek volt köszönhető.

Pendant quatre ans, Buck a vécu comme un noble gâté.

Buck négy éven át úgy élt, mint egy elkényeztetett nemesember.

Il était fier de lui, et même légèrement égoïste.

Büszke volt magára, sőt, kissé egoista is.

Ce genre de fierté était courant chez les seigneurs des régions reculées.

Az efféle büszkeség gyakori volt a távoli vidéki urak körében.

Mais Buck s'est sauvé de devenir un chien de maison choyé.

De Buck megmentette magát attól, hogy elkényeztetett házkutyává váljon.

Il est resté mince et fort grâce à la chasse et à l'exercice.

Vadászat és testmozgás közben is karcsú és erős maradt.

Il aimait profondément l'eau, comme les gens qui se baignent dans les lacs froids.

Mélyen szerette a vizet, mint azok az emberek, akik hideg tavakban fürödnek.

Cet amour pour l'eau a gardé Buck fort et en très bonne santé.

A víz iránti szeretete erőssé és egészségessé tette Buckot.

C'était le chien que Buck était devenu à l'automne 1897.

Ez volt az a kutya, amivé Buck 1897 őszén vált.

Lorsque la découverte du Klondike a attiré des hommes vers le Nord gelé.

Amikor a Klondike-i sztrájk a fagyos Északra húzta az embereket.

Des gens du monde entier se sont précipités vers ce pays froid.

Az emberek a világ minden tájáról özönlöttek a hideg vidékre.

Buck, cependant, ne lisait pas les journaux et ne comprenait pas les nouvelles.

Buck azonban nem olvasott újságot, és nem értette a híreket sem.

Il ne savait pas que Manuel était un homme désagréable à fréquenter.

Nem tudta, hogy Manuel rossz ember a társasága.

Manuel, qui aidait au jardin, avait un problème grave.

Manuelnek, aki a kertben segített, komoly problémával kellett szembenéznie.

Manuel était accro aux jeux de loterie chinois.

Manuel rabja volt a kínai lottójátékoknak.

Il croyait également fermement en un système fixe pour gagner.

Ő is erősen hitt egy fix győzelmi rendszerben.

Cette croyance rendait son échec certain et inévitable.

Ez a hite tette a kudarcát biztossá és elkerülhetetlenné.

Jouer un système exige de l'argent, ce qui manquait à Manuel.

Egy rendszerhez pénz kell, ami Manuelnek hiányzott.

Son salaire suffisait à peine à subvenir aux besoins de sa femme et de ses nombreux enfants.

A fizetéséből alig tudta eltartani feleségét és számos gyermekét.

La nuit où Manuel a trahi Buck, les choses étaient normales.

Azon az éjszakán, amikor Manuel elárulta Buckot, minden normális volt.

Le juge était présent à une réunion de l'Association des producteurs de raisins secs.

A bíró a Mazsolás Termesztők Egyesületének ülésén volt.

Les fils du juge étaient alors occupés à former un club d'athlétisme.

A bíró fiai akkoriban egy atlétikai klub megalapításával voltak elfoglalva.

Personne n'a vu Manuel et Buck sortir par le verger.

Senki sem látta Manuelt és Buckot távozni a gyümölcsösön keresztül.

Buck pensait que cette promenade n'était qu'une simple promenade nocturne.

Buck azt hitte, hogy ez a séta csak egy egyszerű éjszakai séta.

Ils n'ont rencontré qu'un seul homme à la station du drapeau, à College Park.

Csak egyetlen férfival találkoztak a College Parkban lévő zászlóállomáson.

Cet homme a parlé à Manuel et ils ont échangé de l'argent.

Az a férfi beszélt Manuellel, és pénzt váltottak.

« Emballez les marchandises avant de les livrer », a-t-il suggéré.

„Csomagold be az árut, mielőtt kiszállítod" – javasolta.

La voix de l'homme était rauque et impatiente lorsqu'il parlait.

A férfi hangja rekedt és türelmetlen volt, miközben beszélt.

Manuel a soigneusement attaché une corde épaisse autour du cou de Buck.

Manuel gondosan vastag kötelet kötött Buck nyaka köré.

« Tournez la corde et vous l'étoufferez abondamment »

„Csavard meg a kötelet, és alaposan megfojtod"

L'étranger émit un grognement, montrant qu'il comprenait bien.

Az idegen felnyögött, jelezve, hogy jól érti a dolgot.

Buck a accepté la corde avec calme et dignité tranquille ce jour-là.

Buck nyugodt és csendes méltósággal fogadta el a kötelet aznap.

C'était un acte inhabituel, mais Buck faisait confiance aux hommes qu'il connaissait.

Szokatlan tett volt, de Buck megbízott az ismerőseiben.

Il croyait que leur sagesse allait bien au-delà de sa propre pensée.

Úgy hitte, bölcsességük messze túlmutat az övéin.

Mais ensuite la corde fut remise entre les mains de l'étranger.

De aztán a kötelet az idegen kezébe adták.

Buck émit un grognement sourd qui avertissait avec une menace silencieuse.

Buck halk, fenyegető morgást hallatott.

Il était fier et autoritaire, et voulait montrer son mécontentement.

Büszke és parancsoló volt, és szándékosan kimutatta nemtetszését.

Buck pensait que son avertissement serait compris comme un ordre.

Buck úgy gondolta, hogy a figyelmeztetését parancsnak fogják értelmezni.

À sa grande surprise, la corde se resserra rapidement autour de son cou épais.

Legnagyobb meglepetésére a kötél erősen megfeszült vastag nyaka körül.

Son air fut coupé et il commença à se battre dans une rage soudaine.

Elállt a lélegzete, és hirtelen dühében harcolni kezdett.

Il s'est jeté sur l'homme, qui a rapidement rencontré Buck en plein vol.

Ráugrott a férfira, aki gyorsan eltalálta Buckot a levegőben.

L'homme attrapa Buck par la gorge et le fit habilement tourner dans les airs.

A férfi megragadta Buck torkát, és ügyesen megcsavarta a levegőben.

Buck a été violemment projeté au sol, atterrissant à plat sur le dos.

Buckot keményen a földre zuhanták, és hanyatt esett.

La corde l'étranglait alors cruellement tandis qu'il donnait des coups de pied sauvages.

A kötél most kegyetlenül fojtogatta, miközben vadul rúgkapált.

Sa langue tomba, sa poitrine se souleva, mais il ne reprit pas son souffle.

Kiesett a nyelve, fel-le rándult a mellkasa, de nem kapott levegőt.

Il n'avait jamais été traité avec une telle violence de sa vie.

Életében nem bántak vele ilyen erőszakkal.

Il n'avait jamais été rempli d'une fureur aussi profonde auparavant.

Soha ezelőtt nem töltött el ilyen mély düh.

Mais le pouvoir de Buck s'est estompé et ses yeux sont devenus vitreux.

De Buck ereje elhalványult, és tekintete üvegessé vált.

Il s'est évanoui juste au moment où un train s'arrêtait à proximité.

Épp akkor vesztette el az eszméletét, amikor egy vonatot leintettek a közelben.

Les deux hommes le jetèrent alors rapidement dans le fourgon à bagages.

Aztán a két férfi gyorsan bedobta a poggyászkocsiba.

La chose suivante que Buck ressentit fut une douleur dans sa langue enflée.

Buck ezután fájdalmat érzett a feldagadt nyelvében.

Il se déplaçait dans un chariot tremblant, à peine conscient.

Egy remegő kocsiban mozgott, csak homályosan volt eszméleténél.

Le cri aigu d'un sifflet de train indiqua à Buck où il se trouvait.

Egy vonatsíp éles sivítása elárulta Bucknak a hollétét.

Il avait souvent roulé avec le juge et connaissait ce sentiment.

Gyakran lovagolt már a Bíróval, és ismerte az érzést.

C'était le choc unique de voyager à nouveau dans un fourgon à bagages.

Megint az a különleges rázkódtatás volt, hogy egy poggyászkocsiban utaztam.

Buck ouvrit les yeux et son regard brûla de rage.

Buck kinyitotta a szemét, és tekintete dühtől égett.

C'était la colère d'un roi fier déchu de son trône.

Ez egy büszke király haragja volt, akit elmozdítottak trónjáról.

Un homme a tenté de l'attraper, mais Buck a frappé en premier.

Egy férfi nyúlt, hogy megragadja, de Buck csapott le először.

Il enfonça ses dents dans la main de l'homme et la serra fermement.

A férfi kezébe mélyesztette a fogait, és szorosan megszorította.

Il ne l'a pas lâché jusqu'à ce qu'il s'évanouisse une deuxième fois.

Nem engedte el, míg másodszor is el nem ájult.

« Ouais, il a des crises », murmura l'homme au bagagiste.

– Aha, rohamai vannak – motyogta a férfi a poggyászkezelőnek.

Le bagagiste avait entendu la lutte et s'était approché.

A poggyászos meghallotta a dulakodást, és közelebb jött.

« Je l'emmène à Frisco pour le patron », a expliqué l'homme.

– Friscóba viszem a főnök miatt – magyarázta a férfi.

« Il y a un excellent vétérinaire qui dit pouvoir les guérir. »

„Van ott egy kiváló kutyadoktor, aki azt mondja, meg tudja gyógyítani őket."

Plus tard dans la soirée, l'homme a donné son propre récit complet.

Később aznap este a férfi részletesen beszámolt az esetről.

Il parlait depuis un hangar derrière un saloon sur les quais.

Egy kikötői kocsma mögötti fészerből beszélt.

« Tout ce qu'on m'a donné, c'était cinquante dollars », se plaignit-il au vendeur du saloon.

„Csak ötven dollárt kaptam" – panaszkodott a kocsmárosnak.

« Je ne le referais pas, même pour mille dollars en espèces. »

„Nem tenném meg újra, még ezerért sem készpénzben."

Sa main droite était étroitement enveloppée dans un tissu ensanglanté.

Jobb kezét szorosan becsavarta egy véres kendő.

Son pantalon était déchiré du genou au pied.

A nadrágszára térdtől talpig teljesen szétszakadt.

« Combien a été payé l'autre idiot ? » demanda le vendeur du saloon.

„Mennyit fizettek a másik korsónak?" – kérdezte a kocsmáros.

« Cent », répondit l'homme, « il n'accepterait pas un centime de moins. »

– Százat – felelte a férfi –, egy centtel sem fogadna el kevesebbet.

« Cela fait cent cinquante », dit le vendeur du saloon.

– Ez százötvenet tesz ki – mondta a kocsmáros.

« Et il vaut tout ça, sinon je ne suis pas meilleur qu'un imbécile. »

„És megéri az egészet, különben én sem leszek jobb egy ostobánál."

L'homme ouvrit les emballages pour examiner sa main.

A férfi kibontotta a csomagolást, hogy megvizsgálja a kezét.

La main était gravement déchirée et couverte de sang séché.

A kéz csúnyán el volt szakadva és be volt száradva a vérrel.

« Si je n'ai pas l' hydrophobie... » commença-t-il à dire.

„Ha nem leszek hidrofóbiás..." – kezdte mondani.

« Ce sera parce que tu es né pour être pendu », dit-il en riant.

– Azért leszel, mert arra születtél, hogy lógj – hallatszott egy nevetés.

« Viens m'aider avant de partir », lui a-t-on demandé.

„Gyere, segíts, mielőtt elindulsz" – kérték fel.

Buck était dans un état second à cause de la douleur dans sa langue et sa gorge.

Buckot teljesen elkábulta a nyelvében és a torkában érzett fájdalom.

Il était à moitié étranglé et pouvait à peine se tenir debout.

Félig megfojtották, és alig tudott lábra állni.

Pourtant, Buck essayait de faire face aux hommes qui l'avaient blessé ainsi.

Buck mégis megpróbált szembenézni azokkal az emberekkel, akik annyira megbántották.

Mais ils le jetèrent à terre et l'étranglèrent une fois de plus.

De azok ismét letaszították és megfojtották.

Ce n'est qu'à ce moment-là qu'ils ont pu scier son lourd collier de laiton.

Csak ezután tudták lefűrészelni a nehéz rézgallért.

Ils ont retiré la corde et l'ont poussé dans une caisse.

Elhúzták a kötelet és egy ládába lökték.

La caisse était petite et avait la forme d'une cage en fer brut.

A láda kicsi volt, és egy durva vasketrec alakú.

Buck resta allongé là toute la nuit, rempli de colère et d'orgueil blessé.

Buck egész éjjel ott feküdt, tele haraggal és sértett büszkeséggel.

Il ne pouvait pas commencer à comprendre ce qui lui arrivait.

Fel sem foghatta, mi történik vele.

Pourquoi ces hommes étranges le gardaient-ils dans cette petite caisse ?

Miért tartották őt ezek a furcsa emberek ebben a kis ládában?

Que voulaient-ils de lui et pourquoi cette cruelle captivité ?

Mit akartak tőle, és miért ez a kegyetlen fogság?

Il ressentait une pression sombre, un sentiment de catastrophe qui se rapprochait.

Sötét nyomást érzett; a katasztrófa közeledtének érzése.

C'était une peur vague, mais elle pesait lourdement sur son esprit.

Homályos félelem volt, de erősen nehezedett a lelkére.

Il a sursauté à plusieurs reprises lorsque la porte du hangar a claqué.

Többször is felugrott, amikor a fészer ajtaja zörgött.

Il s'attendait à ce que le juge ou les garçons apparaissent et le sauvent.

Azt várta, hogy a Bíró vagy a fiúk megjelennek és megmentik.

Mais à chaque fois, seul le gros visage du tenancier de bar apparaissait à l'intérieur.

De minden alkalommal csak a kocsmáros kövér arca kukucskált be.

Le visage de l'homme était éclairé par la faible lueur d'une bougie de suif.

A férfi arcát egy faggyúgyertya halvány fénye világította meg.

À chaque fois, l'aboiement joyeux de Buck se transformait en un grognement bas et colérique.

Buck örömteli ugatása minden alkalommal halk, dühös morgásba váltott.

Le tenancier du saloon l'a laissé seul pour la nuit dans la caisse

A kocsmáros magára hagyta az éjszakára a ládában

Mais quand il se réveilla le matin, d'autres hommes arrivèrent.

De amikor reggel felébredt, egyre több férfi jött.

Quatre hommes sont venus et ont ramassé la caisse avec précaution, sans un mot.

Négy férfi jött, és óvatosan, szó nélkül felkapták a ládát.

Buck comprit immédiatement dans quelle situation il se trouvait.

Buck azonnal tudta, milyen helyzetbe került.

Ils étaient d'autres bourreaux qu'il devait combattre et craindre.

További kínzók voltak, akikkel harcolnia és akikkel félnie kellett.

Ces hommes avaient l'air méchants, en haillons et très mal soignés.

Ezek a férfiak gonosznak, rongyosnak és nagyon rosszul ápoltnak tűntek.

Buck grogna et se jeta férocement sur eux à travers les barreaux.

Buck vicsorgott, és vadul rájuk rontott a rácsokon keresztül.

Ils se sont contentés de rire et de le frapper avec de longs bâtons en bois.

Csak nevettek és hosszú fapálcákkal piszkálták.

Buck a mordu les bâtons, puis s'est rendu compte que c'était ce qu'ils aimaient.

Buck beleharapott a botokba, aztán rájött, hogy pont ezt szeretik.

Il s'allongea donc tranquillement, maussade et brûlant d'une rage silencieuse.

Így hát csendben lefeküdt, mogorván és csendes dühtől égve.

Ils ont soulevé la caisse dans un chariot et sont partis avec lui.

Felemelték a ládát egy szekérre, és elhajtottak vele.

La caisse, avec Buck enfermé à l'intérieur, changeait souvent de mains.

A láda, amiben Buck volt bezárva, gyakran cserélt gazdát.

Les employés du bureau express ont pris les choses en main et l'ont traité brièvement.

Az expressz irodai tisztviselők vették át az irányítást, és röviden intézkedtek.

Puis un autre chariot transporta Buck à travers la ville bruyante.

Aztán egy másik szekér vitte Buckot a zajos városon át.

Un camion l'a emmené avec des cartons et des colis sur un ferry.

Egy teherautó dobozokkal és csomagokkal együtt vitte fel egy kompra.

Après la traversée, le camion l'a déchargé dans un dépôt ferroviaire.

Miután átkelt, a teherautó egy vasútállomáson lerakta.

Finalement, Buck fut placé dans une voiture express en attente.

Vvégre Buckot betették egy várakozó expresszkocsiba.

Pendant deux jours et deux nuits, les trains ont emporté la voiture express.

Két napon és két éjszakán át a vonatok elhúzták a gyorskocsit.

Buck n'a ni mangé ni bu pendant tout le douloureux voyage.

Buck sem evett, sem ivott az egész fáradságos út alatt.

Lorsque les messagers express ont essayé de l'approcher, il a grogné.

Amikor a gyorshírnökök megpróbáltak közeledni hozzá, morgott.

Ils ont réagi en se moquant de lui et en le taquinant cruellement.

Válaszul gúnyolták és kegyetlenül ugratták.

Buck se jeta sur les barreaux, écumant et tremblant

Buck a rácsoknak vetette magát, habzott és remegett

ils ont ri bruyamment et l'ont raillé comme des brutes de cour d'école.

Hangosan nevettek, és úgy gúnyolódtak vele, mint az iskolai zaklatók.

Ils aboyaient comme de faux chiens et battaient des bras.

Úgy ugattak, mint a műkutyák, és csapkodtak a karjukkal.

Ils ont même chanté comme des coqs juste pour le contrarier davantage.

Még kakasként is kukorékoltak, hogy még jobban felbosszantsák.

C'était un comportement stupide, et Buck savait que c'était ridicule.

Ostoba viselkedés volt, és Buck tudta, hogy nevetséges.

Mais cela n'a fait qu'approfondir son sentiment d'indignation et de honte.

De ez csak elmélyítette benne a felháborodást és a szégyent.

Il n'a pas été trop dérangé par la faim pendant le voyage.

Az út során nemigen gyötörte az éhség.

Mais la soif provoquait une douleur aiguë et une souffrance insupportable.

De a szomjúság éles fájdalmat és elviselhetetlen szenvedést okozott.

Sa gorge sèche et enflammée et sa langue brûlaient de chaleur.

Száraz, gyulladt torka és nyelve égett a forróságtól.

Cette douleur alimentait la fièvre qui montait dans son corps fier.

Ez a fájdalom táplálta a büszke testében egyre erősödő lázat.

Buck était reconnaissant pour une seule chose au cours de ce procès.

Buck egyetlen dologért volt hálás a tárgyalás alatt.

La corde avait été retirée de son cou épais.

A kötelet lehúzták vastag nyakáról.

La corde avait donné à ces hommes un avantage injuste et cruel.

A kötél tisztességtelen és kegyetlen előnyt biztosított azoknak az embereknek.

Maintenant, la corde avait disparu et Buck jura qu'elle ne reviendrait jamais.

Most a kötél eltűnt, és Buck megesküdött, hogy soha többé nem tér vissza.

Il a décidé qu'aucune corde ne passerait plus jamais autour de son cou.

Elhatározta, hogy soha többé nem tekeredik kötél a nyakába.

Pendant deux longs jours et deux longues nuits, il souffrit sans nourriture.

Két hosszú napon és éjszakán át szenvedett étel nélkül.

Et pendant ces heures, il a développé une énorme rage en lui.

És ezekben az órákban hatalmas dühöt halmozott fel magában.

Ses yeux sont devenus injectés de sang et sauvages à cause d'une colère constante.

Szeme vérben forgó és vad lett az állandó dühtől.

Il n'était plus Buck, mais un démon aux mâchoires claquantes.

Már nem Buck volt, hanem egy csattogó állkapcsú démon.

Même le juge n'aurait pas reconnu cette créature folle.

Még a Bíró sem ismerte volna fel ezt az őrült teremtményt.

Les messagers express ont soupiré de soulagement lorsqu'ils ont atteint Seattle

A gyorshírnökök megkönnyebbülten felsóhajtottak, amikor megérkeztek Seattle-be

Quatre hommes ont soulevé la caisse et l'ont amenée dans une cour arrière.

Négy férfi felemelte a ládát, és bevitték a hátsó udvarba.

La cour était petite, entourée de murs hauts et solides.

Az udvar kicsi volt, magas és masszív falak vették körül.

Un grand homme sortit, vêtu d'un pull rouge affaissé.

Egy nagydarab férfi lépett ki egy megereszkedett piros pulóveringben.

Il a signé le carnet de livraison d'une écriture épaisse et audacieuse.

Vastag, merész kézzel írta alá a szállítókönyvet.

Buck sentit immédiatement que cet homme était son prochain bourreau.

Buck azonnal megérezte, hogy ez a férfi a következő kínzója.

Il se jeta violemment sur les barreaux, les yeux rouges de fureur.

Hevesen a rácsoknak vetette magát, dühtől vörös szemekkel.

L'homme sourit simplement sombrement et alla chercher une hachette.

A férfi csak sötéten elmosolyodott, és odament egy baltáért.

Il portait également une massue dans sa main droite épaisse et forte.

Vastag és erős jobb kezében egy botot is hozott.

« Tu vas le sortir maintenant ? » demanda le chauffeur, inquiet.

„Most kiviszed?" – kérdezte a sofőr aggódva.

« Bien sûr », dit l'homme en enfonçant la hachette dans la caisse comme levier.

– Persze – mondta a férfi, és a baltát emelőként a ládába szegezte.

Les quatre hommes se dispersèrent instantanément et sautèrent sur le mur de la cour.

A négy férfi azonnal szétszéledt, és felugrottak az udvar falára.

Depuis leurs endroits sûrs, ils attendaient d'assister au spectacle.

Biztonságos helyeikről, fentről várták, hogy szemtanúi lehessenek a látványosságnak.

Buck se jeta sur le bois éclaté, le mordant et le secouant violemment.

Buck a szilánkos fára vetette magát, vadul harapdálva és remegve.

Chaque fois que la hachette touchait la cage, Buck était là pour l'attaquer.

Valahányszor a baltával eltalálták a ketrecet, Buck ott volt, hogy megtámadja.

Il grogna et claqua des dents avec une rage folle, impatient d'être libéré.

Vad dühvel morgott és csattant, alig várta, hogy szabadulhasson.

L'homme dehors était calme et stable, concentré sur sa tâche.

A kint álló férfi nyugodt és kiegyensúlyozott volt, elszántan végezte a feladatát.

« Bon, alors, espèce de diable aux yeux rouges », dit-il lorsque le trou fut grand.

– Akkor hát, te vörös szemű ördög – mondta, amikor a lyuk már nagyra nyílt.

Il laissa tomber la hachette et prit le gourdin dans sa main droite.

Eldobta a baltát, és jobb kezébe vette a botot.

Buck ressemblait vraiment à un diable ; les yeux injectés de sang et flamboyants.

Buck tényleg úgy nézett ki, mint egy ördög; vérben forgó, lángoló szemei voltak.

Son pelage se hérissait, de la mousse s'échappait de sa bouche, ses yeux brillaient.

Felborzolta a bundáját, hab gomolygott a szája körül, szeme csillogott.

Il rassembla ses muscles et se jeta directement sur le pull rouge.

Megfeszítette izmait, és egyenesen a piros pulóverre vetette magát.

Cent quarante livres de fureur s'abattèrent sur l'homme calme.

Száznegyven fontnyi düh csapott a nyugodt férfira.

Juste avant que ses mâchoires ne se referment, un coup terrible le frappa.

Mielőtt még összeszorult volna az állkapcsa, szörnyű ütés érte.

Ses dents claquèrent l'une contre l'autre, rien d'autre que l'air

Fogai összecsattantak, semmi mást nem látott, csak a levegőt.

une secousse de douleur résonna dans son corps

fájdalomlökés visszhangzott végig a testén

Il a fait un saut périlleux en plein vol et s'est écrasé sur le dos et sur le côté.

A levegőben megpördült, és a hátára, illetve az oldalára zuhant.

Il n'avait jamais ressenti auparavant le coup d'un gourdin et ne pouvait pas le saisir.

Még soha nem érzett botütést, és nem tudta felfogni.

Avec un grognement strident, mi-aboiement, mi-cri, il bondit à nouveau.

Egy sikító vicsorgással, részben ugatással, részben sikolysal ismét ugrott.

Un autre coup brutal le frappa et le projeta au sol.

Egy újabb brutális ütés érte, és a földre repítette.

Cette fois, Buck comprit : c'était la lourde massue de l'homme.

Buck ezúttal megértette – a férfi nehéz bunkója volt az.

Mais la rage l'aveuglait, et il n'avait aucune idée de retraite.

De a düh elvakította, és esze ágában sem volt visszavonulni.

Douze fois il s'est lancé et douze fois il est tombé.

Tizenkétszer vetette magát előre, és tizenkétszer esett el.

Le gourdin en bois le frappait à chaque fois avec une force impitoyable et écrasante.

A fabáb minden alkalommal könyörtelen, zúzó erővel csapott le rá.

Après un coup violent, il se releva en titubant, étourdi et lent.

Egyetlen heves ütés után kábultan és lassan talpra állt.

Du sang coulait de sa bouche, de son nez et même de ses oreilles.

Vér folyt a szájából, az orrából, sőt még a füléből is.

Son pelage autrefois magnifique était maculé de mousse sanglante.

Egykor gyönyörű kabátját véres hab maszatosa volt.

Alors l'homme s'est avancé et a donné un coup violent au nez.

Aztán a férfi odalépett, és egy gonosz ütést mért az orrára.

L'agonie était plus vive que tout ce que Buck avait jamais ressenti.

A fájdalom élesebb volt, mint amit Buck valaha is érzett.

Avec un rugissement plus bête que chien, il bondit à nouveau pour attaquer.

Egy vadállatiasabb üvöltéssel, mint kutyaszerűséggel, ismét támadásra ugrott.

Mais l'homme attrapa sa mâchoire inférieure et la tourna vers l'arrière.

De a férfi megragadta az alsó állkapcsát, és hátracsavarta.

Buck fit un saut périlleux et s'écrasa à nouveau violemment.

Buck fejjel előre fordult, és ismét keményen a földre zuhant.

Une dernière fois, Buck se précipita sur lui, maintenant à peine capable de se tenir debout.

Buck még utoljára rárontott, alig bírva megállni a lábán.

L'homme a frappé avec un timing expert, délivrant le coup final.

A férfi szakértő időzítéssel csapott le, megadva az utolsó ütést.

Buck s'est effondré, inconscient et immobile.

Buck mozdulatlanul, eszméletlenül rogyott össze.

« Il n'est pas mauvais pour dresser les chiens, c'est ce que je dis », a crié un homme.

„Nem hanyagolja a kutyabetörést, ezt mondom én is!" – kiáltotta egy férfi.

« Druther peut briser la volonté d'un chien n'importe quel jour de la semaine. »

„Druther a hét bármely napján képes megtörni egy kutya akaratát."

« Et deux fois un dimanche ! » a ajouté le chauffeur.

„És kétszer egy vasárnap!" – tette hozzá a sofőr.

Il monta dans le chariot et fit claquer les rênes pour partir.

Felmászott a szekérre, és megrántotta a gyeplőt, hogy elinduljon.

Buck a lentement repris le contrôle de sa conscience

Buck lassan visszanyerte az öntudatát.

mais son corps était encore trop faible et brisé pour bouger.

de a teste még túl gyenge és törött volt a mozgáshoz.

Il resta allongé là où il était tombé, regardant l'homme au pull rouge.

Ott feküdt, ahol elesett, és a vörös pulóveres férfit figyelte.

« Il répond au nom de Buck », dit l'homme en lisant à haute voix.

– Buck nevére hallgat – mondta a férfi, miközben hangosan olvasott.

Il a cité la note envoyée avec la caisse de Buck et les détails.

Idézett a Buck ládájával és a részletekkel küldött üzenetből.

« Eh bien, Buck, mon garçon », continua l'homme d'un ton amical,

– Nos hát, Buck, fiam – folytatta a férfi barátságos hangon –,

« Nous avons eu notre petite dispute, et maintenant c'est fini entre nous. »

„Levettünk egy kis veszekedést, és most vége van közöttünk."

« Tu as appris à connaître ta place, et j'ai appris à connaître la mienne », a-t-il ajouté.

„Megtanultad a helyed, és én is a sajátomat" – tette hozzá.

« Sois sage, tout ira bien et la vie sera agréable. »

„Légy jó, és minden jól fog menni, és az élet kellemes lesz."

« Mais sois méchant, et je te botterai les fesses, compris ? »

„De ha rossz vagy, akkor agyonverlek, érted?"

Tandis qu'il parlait, il tendit la main et tapota la tête douloureuse de Buck.

Miközben beszélt, kinyújtotta a kezét, és megsimogatta Buck fájó fejét.

Les cheveux de Buck se dressèrent au contact de l'homme, mais il ne résista pas.

Buck haja felállt a férfi érintésére, de nem ellenkezett.

L'homme lui apporta de l'eau, que Buck but à grandes gorgées.

A férfi vizet hozott neki, amit Buck nagy kortyokban ivott meg.

Puis vint la viande crue, que Buck dévora morceau par morceau.

Aztán jött a nyers hús, amit Buck darabonként felfalt.

Il savait qu'il était battu, mais il savait aussi qu'il n'était pas brisé.

Tudta, hogy megverték, de azt is tudta, hogy nincs megtörve.

Il n'avait aucune chance contre un homme armé d'une matraque.

Esélye sem volt egy bunkóval felfegyverzett férfival szemben.

Il avait appris la vérité et il n'a jamais oublié cette leçon.

Megtanulta az igazságot, és soha nem felejtette el ezt a leckét.

Cette arme était le début de la loi dans le nouveau monde de Buck.

Ez a fegyver jelentette a jog kezdetét Buck új világában.

C'était le début d'un ordre dur et primitif qu'il ne pouvait nier.

Ez egy kemény, primitív rend kezdete volt, amelyet nem tagadhatott.

Il accepta la vérité ; ses instincts sauvages étaient désormais éveillés.

Elfogadta az igazságot; vad ösztönei most már felébredtek.

Le monde était devenu plus dur, mais Buck l'a affronté avec courage.

A világ egyre keményebbé vált, de Buck bátran szembenézett vele.

Il a affronté la vie avec une prudence, une ruse et une force tranquille nouvelles.

Új óvatossággal, ravaszsággal és csendes erővel fogadta az életet.

D'autres chiens sont arrivés, attachés dans des cordes ou des caisses comme Buck l'avait été.

Több kutya is érkezett, kötelekhez vagy ládákhoz kötözve, mint Buck.

Certains chiens sont venus calmement, d'autres ont fait rage et se sont battus comme des bêtes sauvages.

Néhány kutya nyugodtan jött, mások dühöngtek és vadállatok módjára verekedtek.

Ils furent tous soumis au règne de l'homme au pull rouge.

Mindannyiukat a vörös pulóveres férfi uralma alá vonták.

À chaque fois, Buck regardait et voyait la même leçon se dérouler.

Buck minden alkalommal ugyanazt a tanulságot látta kibontakozni.

L'homme avec la massue était la loi, un maître à obéir.

A bottal járó férfi maga volt a törvény; egy úr, akinek engedelmeskedni kellett.

Il n'avait pas besoin d'être aimé, mais il fallait qu'on lui obéisse.

Nem kellett kedvelni, de engedelmeskedni kellett neki.

Buck ne s'est jamais montré flatteur ni n'a remué la queue comme le faisaient les chiens plus faibles.

Buck soha nem hízelgett vagy csóválta a kezét, mint a gyengébb kutyák.

Il a vu des chiens qui avaient été battus et qui continuaient à lécher la main de l'homme.

Látott megvert kutyákat, amelyek mégis nyalogatták a férfi kezét.

Il a vu un chien qui refusait d'obéir ou de se soumettre du tout.

Látott egy kutyát, amely egyáltalán nem engedelmeskedett, és egyáltalán nem volt hajlandó meghajolni.

Ce chien s'est battu jusqu'à ce qu'il soit tué dans la bataille pour le contrôle.

A kutya addig küzdött, amíg el nem pusztult az irányításért folytatott csatában.

Des étrangers venaient parfois voir l'homme au pull rouge.

Idegenek néha meglátogatták a vörös pulóveres férfit.

Ils parlaient sur un ton étrange, suppliant, marchandant et riant.

Furcsa hangon beszéltek, könyörögtek, alkudoztak és nevetgéltek.

Lors de l'échange d'argent, ils partaient avec un ou plusieurs chiens.

Amikor pénzt váltottak, egy vagy több kutyával távoztak.

Buck se demandait où étaient passés ces chiens, car aucun n'était jamais revenu.

Buck azon tűnődött, hová tűntek ezek a kutyák, mert soha egy sem tért vissza.

la peur de l'inconnu envahissait Buck chaque fois qu'un homme étrange venait

Az ismeretlentől való félelem töltötte el Buckot minden alkalommal, amikor egy idegen férfi jött

il était content à chaque fois qu'un autre chien était pris, plutôt que lui-même.

Minden alkalommal örült, amikor egy másik kutyát vittek el, nem pedig őt.

Mais finalement, le tour de Buck arriva avec l'arrivée d'un homme étrange.

De végül Buckra került a sor egy különös férfi érkezésével.

Il était petit, nerveux, parlait un anglais approximatif et jurait.

Alacsony volt, inas, törött angolsággal és káromkodásokkal beszélt.

« Sacré-Dam ! » hurla-t-il en posant les yeux sur le corps de Buck.

„Szent isten!" – kiáltotta, amikor meglátta Buck alakját.

« C'est un sacré chien tyrannique ! Hein ? Combien ? » demanda-t-il à voix haute.

„Ez aztán egy átkozott zsarnokkutya! Hű? Mennyibe kerül?" – kérdezte hangosan.

« Trois cents, et c'est un cadeau à ce prix-là. »

„Háromszáz, és ennyiért igazi ajándék."

« Puisque c'est de l'argent du gouvernement, tu ne devrais pas te plaindre, Perrault. »

„Mivel állami pénzről van szó, nem kell panaszkodnod, Perrault."

Perrault sourit à l'idée de l'accord qu'il venait de conclure avec cet homme.

Perrault elvigyorodott az egyezségen, amit az előbb kötött a férfival.

Le prix des chiens a grimpé en flèche en raison de la demande soudaine.

A kutyák ára a hirtelen megnövekedett kereslet miatt az egekbe szökött.

Trois cents dollars, ce n'était pas injuste pour une si belle bête.

Háromszáz dollár nem volt igazságtalan egy ilyen jószágért.

Le gouvernement canadien ne perdrait rien dans cet accord

A kanadai kormány semmit sem veszítene a megállapodással

Leurs dépêches officielles ne seraient pas non plus retardées en transit.

A hivatalos küldeményeiket sem késlekednék az út során.

Perrault connaissait bien les chiens et pouvait voir que Buck était quelque chose de rare.

Perrault jól ismerte a kutyákat, és látta rajta, hogy Buck valami különleges.

« Un sur dix dix mille », pensa-t-il en étudiant la silhouette de Buck.

„Tízből egy, tízezerhez egy" – gondolta, miközben Buck testalkatát vizsgálgatta.

Buck a vu l'argent changer de mains, mais n'a montré aucune surprise.

Buck látta, hogy a pénz gazdát cserél, de nem mutatott meglepetést.

Bientôt, lui et Curly, un gentil Terre-Neuve, furent emmenés.

Hamarosan elvezették őt és Göndört, a szelíd újfundlandit.

Ils suivirent le petit homme depuis la cour du pull rouge.

Követték a kis embert a piros pulóveres udvaráról.

Ce fut la dernière fois que Buck vit l'homme avec la massue en bois.

Buck utoljára látta a fabotos férfit.

Depuis le pont du Narval, il regardait Seattle disparaître au loin.

A Narvál fedélzetéről nézte, ahogy Seattle a távolba vesz.

C'était aussi la dernière fois qu'il voyait le chaud Southland.

Ez volt az utolsó alkalom is, hogy a meleg Délvidéket látta.

Perrault les emmena sous le pont et les laissa à François.

Perrault levitte őket a fedélzet alá, és François-nál hagyta.

François était un géant au visage noir, aux mains rugueuses et calleuses.

François egy fekete arcú óriás volt, durva, kérges kezekkel.

Il était brun et basané; un métis franco-canadien.

Sötét bőrű és barna bőrű volt; egy félvér francia-kanadai.

Pour Buck, ces hommes étaient d'un genre qu'il n'avait jamais vu auparavant.

Buck számára ezek az emberek olyanok voltak, amilyeneket még soha nem látott.

Il allait connaître beaucoup d'autres hommes de ce genre dans les jours qui suivirent.

Sok ilyen emberrel fog megismerkedni az elkövetkező napokban.

Il ne s'est pas attaché à eux, mais il a appris à les respecter.

Nem szerette meg őket, de tisztelni kezdte őket.

Ils étaient justes et sages, et ne se laissaient pas facilement tromper par un chien.

Szépek és bölcsek voltak, és egyetlen kutya sem könnyen becsaphatta őket.

Ils jugeaient les chiens avec calme et ne les punissaient que lorsqu'ils le méritaient.

Nyugodtan ítélték meg a kutyákat, és csak akkor büntették meg őket, ha megérdemelték.

Sur le pont inférieur du Narwhal, Buck et Curly ont rencontré deux chiens.

A Narvál alsó fedélzetén Buck és Göndör két kutyával találkoztak.

L'un d'eux était un grand chien blanc venu du lointain et glacial Spitzberg.

Az egyik egy nagy fehér kutya volt a távoli, jeges Spitzbergákról.

Il avait autrefois navigué avec un baleinier et rejoint un groupe d'enquête.

Egyszer vitorlázott egy bálnavadászhajóval, és csatlakozott egy felderítő csoporthoz.

Il était amical d'une manière sournoise, sournoise et rusée.

Sunyi, alattomos és ravasz módon barátságos volt.

Lors de leur premier repas, il a volé un morceau de viande dans la poêle de Buck.

Az első étkezésükkor ellopott egy darab húst Buck serpenyőjéből.

Buck sauta pour le punir, mais le fouet de François frappa en premier.

Buck felugrott, hogy megbüntesse, de François ostora lecsapott előbb.

Le voleur blanc hurla et Buck récupéra l'os volé.

A fehér tolvaj felkiáltott, Buck pedig visszaszerezte az ellopott csontot.

Cette équité impressionna Buck, et François gagna son respect.

Ez a pártatlanság lenyűgözte Buckot, és François kiérdemelte a tiszteletét.

L'autre chien ne lui a pas adressé de salut et n'en a pas voulu en retour.

A másik kutya nem köszöntötte, és viszonzást sem várt.

Il ne volait pas de nourriture et ne reniflait pas les nouveaux arrivants avec intérêt.

Nem lopott ételt, és nem szaglászott érdeklődéssel az újonnan érkezők után.

Ce chien était sinistre et calme, sombre et lent.

Ez a kutya komor és csendes, komor és lassú mozgású volt.

Il a averti Curly de rester à l'écart en la regardant simplement.

Egyszerűen csak dühösen meredt rá, és figyelmeztette Göndört, hogy maradjon távol.

Son message était clair : laissez-moi tranquille ou il y aura des problèmes.

Az üzenete világos volt: hagyj békén, különben baj lesz.

Il s'appelait Dave et il remarquait à peine son environnement.

Dave-nek hívták, és alig vette észre a környezetét.

Il dormait souvent, mangeait tranquillement et bâillait de temps en temps.

Gyakran aludt, csendben evett, és időnként ásított is.

Le navire ronronnait constamment avec le battement de l'hélice en dessous.

A hajó folyamatosan zümmögött, miközben lent dübörgött a légcsavar.

Les jours passèrent sans grand changement, mais le temps devint plus froid.

A napok változatlanul teltek, de az idő egyre hidegebb lett.

Buck pouvait le sentir dans ses os et remarqua que les autres le faisaient aussi.

Buck a csontjaiban érezte, és észrevette, hogy a többiek is.

Puis un matin, l'hélice s'est arrêtée et tout est redevenu calme.

Aztán egy reggel megállt a légcsavar, és minden elcsendesedett.

Une énergie parcourut le vaisseau ; quelque chose avait changé.

Energia söpört végig a hajón; valami megváltozott.

François est descendu, les a attachés en laisse et les a remontés.

François lejött, pórázt kötött rájuk, és felhozta őket.

Buck sortit et trouva le sol doux, blanc et froid.

Buck kilépett, és a talajt puhának, fehérnek és hidegnek találta.

Il sursauta en arrière, alarmé, et renifla, totalement confus.

Riadtan hátraugrott, és teljes zavarodottságában felhorkant.

Une étrange substance blanche tombait du ciel gris.

Furcsa fehér anyag hullott a szürke égből.

Il se secoua, mais les flocons blancs continuaient à atterrir sur lui.

Megrázta magát, de a fehér pelyhek továbbra is ráhullottak.

Il renifla soigneusement la substance blanche et lécha quelques morceaux glacés.

Óvatosan megszagolta a fehér cuccot, és lenyalogatott néhány jeges darabkát.

La poudre brûla comme du feu, puis disparut de sa langue.

A por tűzként égett, majd eltűnt a nyelvéről.

Buck essaya à nouveau, intrigué par l'étrange froideur qui disparaissait.

Buck újra próbálkozott, zavarba ejtve a furcsa, eltűnő hidegségtől.

Les hommes autour de lui rirent et Buck se sentit gêné.

A körülötte álló férfiak nevettek, Buck pedig zavarba jött.

Il ne savait pas pourquoi, mais il avait honte de sa réaction.

Nem tudta, miért, de szégyellte a reakcióját.

C'était sa première expérience avec la neige, et cela le dérouta.

Ez volt az első találkozása a hóval, és ez összezavarta.

La loi du gourdin et des crocs
A buzogány és agyar törvénye

Le premier jour de Buck sur la plage de Dyea ressemblait à un terrible cauchemar.
Buck első napja a Dyea strandon egy szörnyű rémálomnak tűnt.

Chaque heure apportait de nouveaux chocs et des changements inattendus pour Buck.
Minden óra új megrázkódtatásokat és váratlan változásokat hozott Buck számára.

Il avait été arraché à la civilisation et jeté dans un chaos sauvage.
Kiragadták a civilizációból, és vad káoszba taszították.

Ce n'était pas une vie ensoleillée et paresseuse, faite d'ennui et de repos.
Ez nem egy napsütéses, lustálkodós élet volt unalommal és pihenéssel.

Il n'y avait pas de paix, pas de repos, et pas un instant sans danger.
Nem volt béke, nem volt pihenés, és nem volt pillanat sem veszélytelenül.

La confusion régnait sur tout et le danger était toujours proche.
Zűrzavar uralkodott mindenen, és a veszély mindig közel leselkedett.

Buck devait rester vigilant car ces hommes et ces chiens étaient différents.
Bucknak ébernek kellett maradnia, mert ezek a férfiak és kutyák mások voltak.

Ils n'étaient pas originaires des villes ; ils étaient sauvages et sans pitié.
Nem városiak voltak; vadak és könyörtelenek voltak.

Ces hommes et ces chiens ne connaissaient que la loi du gourdin et des crocs.
Ezek a férfiak és kutyák csak a bunkó és az agyar törvényét ismerték.

Buck n'avait jamais vu de chiens se battre comme ces
huskies sauvages.

Buck még soha nem látott kutyákat így verekedni, mint ezeket
a vad huskykat.

Sa première expérience lui a appris une leçon qu'il
n'oublierait jamais.

Az első élménye egy olyan leckét adott neki, amit soha nem
fog elfelejteni.

Il a eu de la chance que ce ne soit pas lui, sinon il serait mort
aussi.

Szerencséje volt, hogy nem ő volt, különben ő is meghalt
volna.

Curly était celui qui souffrait tandis que Buck regardait et
apprenait.

Göndör szenvedett, míg Buck figyelte és tanult.

Ils avaient installé leur campement près d'un magasin
construit en rondins.

Egy rönkökből épült bolt közelében vertek tábort.

Curly a essayé d'être amical avec un grand husky
ressemblant à un loup.

Göndör megpróbált barátságos lenni egy nagy, farkasszerű
huskyval.

Le husky était plus petit que Curly, mais avait l'air sauvage
et méchant.

A husky kisebb volt, mint Göndör, de vadnak és gonosznak
tűnt.

Sans prévenir, il a sauté et lui a ouvert le visage.

Figyelmeztetés nélkül felugrott, és felhasította az arcát.

Ses dents lui coupèrent l'œil jusqu'à sa mâchoire en un seul
mouvement.

Fogai egyetlen mozdulattal vágtak le a szemétől az
állkapcsáig.

C'est ainsi que les loups se battaient : ils frappaient vite et
sautaient loin.

Így harcoltak a farkasok – gyorsan csaptak és elugrottak.

Mais il y avait plus à apprendre que de cette seule attaque.

De többet lehetett tanulni ebből az egyetlen támadásból.

Des dizaines de huskies se sont précipités et ont formé un cercle silencieux.

Több tucat husky rohant be, és néma kört alkottak.

Ils regardaient attentivement et se léchaient les lèvres avec faim.

Figyelmesen nézték, és éhesen nyalogatták az ajkukat.

Buck ne comprenait pas leur silence ni leurs regards avides.

Buck nem értette a hallgatásukat vagy a kíváncsi tekintetüket.

Curly s'est précipité pour attaquer le husky une deuxième fois.

Göndör másodszor is a husky megtámadására rohant.

Il a utilisé sa poitrine pour la renverser avec un mouvement puissant.

Egy erős mozdulattal a mellkasával lökte fel.

Elle est tombée sur le côté et n'a pas pu se relever.

Az oldalára esett, és nem tudott felkelni.

C'est ce que les autres attendaient depuis le début.

Erre vártak a többiek egész végig.

Les huskies ont sauté sur elle, hurlant et grognant avec frénésie.

A huskyk ráugrottak, őrjöngve ugattak és vicsorogtak.

Elle a crié alors qu'ils l'enterraient sous un tas de chiens.

Felsikoltott, miközben egy kutyakupac alá temették.

L'attaque fut si rapide que Buck resta figé sur place sous le choc.

A támadás olyan gyors volt, hogy Buck a döbbenettől megdermedt.

Il vit Spitz tirer la langue d'une manière qui ressemblait à un rire.

Látta, hogy Spitz kinyújtja a nyelvét, ami úgy hangzott, mintha nevetne.

François a attrapé une hache et a couru droit vers le groupe de chiens.

François megragadott egy fejszét, és egyenesen a kutyák csoportjába rohant.

Trois autres hommes ont utilisé des gourdins pour aider à repousser les huskies.

Három másik férfi botokkal verte el a huskykat.

En seulement deux minutes, le combat était terminé et les chiens avaient disparu.

Alig két perc múlva vége volt a harcnak, és a kutyák eltűntek.

Curly gisait morte dans la neige rouge et piétinée, son corps déchiré.

Göndör holtan feküdt a vörös, letaposott hóban, teste szétszaggatva.

Un homme à la peau sombre se tenait au-dessus d'elle, maudissant la scène brutale.

Egy sötét bőrű férfi állt fölötte, és átkozta a brutális jelenetet.

Le souvenir est resté avec Buck et a hanté ses rêves la nuit.

Az emlék Buckban maradt, és álmaiban kísértette éjszaka.

C'était comme ça ici : pas d'équité, pas de seconde chance.

Ez volt itt a helyzet: nincs igazságosság, nincs második esély.

Une fois qu'un chien tombait, les autres le tuaient sans pitié.

Ha egy kutya elesett, a többi könyörtelenül ölte.

Buck décida alors qu'il ne se permettrait jamais de tomber.

Buck ekkor eldöntötte, hogy soha többé nem engedi meg magának, hogy elessen.

Spitz tira à nouveau la langue et rit du sang.

Spitz ismét kinyújtotta a nyelvét, és nevetett a véren.

À partir de ce moment-là, Buck détesta Spitz de tout son cœur.

Attól a pillanattól kezdve Buck teljes szívéből gyűlölte Spitzet.

Avant que Buck ne puisse se remettre de la mort de Curly, quelque chose de nouveau s'est produit.

Mielőtt Buck magához térhetett volna Göndör halálából, valami új történt.

François s'est approché et a attaché quelque chose autour du corps de Buck.

François odajött, és valamit Buck köré tekert.

C'était un harnais comme ceux utilisés sur les chevaux du ranch.

Olyan hám volt, amilyet a tanyán a lovakon használnak.

Comme Buck avait vu les chevaux travailler, il devait maintenant travailler aussi.

Ahogy Buck látta a lovakat dolgozni, most neki is dolgoznia kellett.

Il a dû tirer François sur un traîneau dans la forêt voisine.

Szánkón kellett húznia François-t a közeli erdőbe.

Il a ensuite dû ramener une lourde charge de bois de chauffage.

Aztán vissza kellett húznia egy rakomány nehéz tűzifát.

Buck était fier, donc cela lui faisait mal d'être traité comme un animal de travail.

Buck büszke volt, ezért fájt neki, hogy úgy bántak vele, mint egy munkásállattal.

Mais il était sage et n'a pas essayé de lutter contre la nouvelle situation.

De bölcs volt, és nem próbált megküzdeni az új helyzettel.

Il a accepté sa nouvelle vie et a donné le meilleur de lui-même dans chaque tâche.

Elfogadta az új életet, és minden feladatban a legjobb tudása szerint dolgozott.

Tout ce qui concernait ce travail lui était étrange et inconnu.

A munkában minden furcsa és ismeretlen volt számára.

François était strict et exigeait l'obéissance sans délai.

François szigorú volt, és késedelem nélkül engedelmességet követelt.

Son fouet garantissait que chaque ordre soit exécuté immédiatement.

Ostorával gondoskodott arról, hogy minden parancsot azonnal végrehajtsanak.

Dave était le conducteur du traîneau, le chien le plus proche du traîneau derrière Buck.

Dave volt a kerekes kutya, a kutya állt legközelebb a szánhoz Buck mögött.

Dave mordait Buck sur les pattes arrière s'il faisait une erreur.

Dave megharapta Buck hátsó lábait, ha hibázott.

Spitz était le chien de tête, compétent et expérimenté dans ce rôle.

Spitz volt a vezető kutya, képzett és tapasztalt volt a szerepben.

Spitz ne pouvait pas atteindre Buck facilement, mais il le corrigea quand même.

Spitz nem tudta könnyen elérni Buckot, de azért kijavította.

Il grognait durement ou tirait le traîneau d'une manière qui enseignait à Buck.

Keményen morgott, vagy olyan módon húzta a szánt, ami Buckot is tanította.

Grâce à cette formation, Buck a appris plus vite que ce qu'ils avaient imaginé.

A képzés során Buck gyorsabban tanult, mint bármelyikük várta.

Il a travaillé dur et a appris de François et des autres chiens.

Keményen dolgozott, és tanult mind François-tól, mind a többi kutyától.

À leur retour, Buck connaissait déjà les commandes clés.

Mire visszatértek, Buck már tudta a legfontosabb parancsokat.

Il a appris à s'arrêter au son « ho » de François.

François-tól tanulta meg, hogy a „ho" hangjára megálljon.

Il a appris quand il a dû tirer le traîneau et courir.

Megtanulta, mikor kellett húznia a szánt és futnia.

Il a appris à tourner largement dans les virages du sentier sans difficulté.

Megtanulta, hogy gond nélkül szélesre kanyarodjon az ösvény kanyarulataiban.

Il a également appris à éviter Dave lorsque le traîneau descendait rapidement.

Azt is megtanulta, hogy kerülje el Davet, amikor a szán gyorsan gurult lefelé.

« Ce sont de très bons chiens », dit fièrement François à Perrault.

„Nagyon jó kutyák" – mondta François büszkén Perrault-nak.

« Ce Buck tire comme un dingue, je lui apprends vite fait. »

„Ez a Buck iszonyatosan jól húz – én gyorsan megtanítom."

Plus tard dans la journée, Perrault est revenu avec deux autres chiens husky.

Később aznap Perrault még két husky kutyával tért vissza.

Ils s'appelaient Billee et Joe, et ils étaient frères.

Billee és Joe volt a nevük, és testvérek voltak.

Ils venaient de la même mère, mais ne se ressemblaient pas du tout.

Ugyanattól az anyától származtak, de egyáltalán nem voltak hasonlóak.

Billee était de nature douce et très amicale avec tout le monde.

Billee kedves természetű és túlságosan barátságos volt mindenkivel.

Joe était tout le contraire : calme, en colère et toujours en train de grogner.

Joe az ellentéte volt – csendes, dühös és mindig vicsorgó.

Buck les a accueillis de manière amicale et s'est montré calme avec eux deux.

Buck barátságosan üdvözölte őket, és nyugodt volt mindkettőjükkel.

Dave ne leur prêta aucune attention et resta silencieux comme d'habitude.

Dave nem figyelt rájuk, és szokásához híven csendben maradt.

Spitz a attaqué d'abord Billee, puis Joe, pour montrer sa domination.

Spitz először Billee-t, majd Joe-t támadta meg, hogy megmutassa dominanciáját.

Billee remua la queue et essaya d'être amical avec Spitz.

Billee csóválta a farkát, és megpróbált barátságos lenni Spitzhez.

Lorsque cela n'a pas fonctionné, il a essayé de s'enfuir à la place.

Amikor ez nem sikerült, inkább megpróbált elmenekülni.

Il a pleuré tristement lorsque Spitz l'a mordu fort sur le côté.

Szomorúan sírt, amikor Spitz erősen megharapta az oldalát.

Mais Joe était très différent et refusait d'être intimidé.

De Joe egészen más volt, és nem hagyta magát zaklatni.

Chaque fois que Spitz s'approchait, Joe se retournait pour lui faire face rapidement.

Valahányszor Spitz a közelébe ért, Joe gyorsan megfordult, hogy szembenézzen vele.

Sa fourrure se hérissa, ses lèvres se retroussèrent et ses dents claquèrent sauvagement.

Felborzolta a bundáját, felkunkorodott az ajka, és vadul csattogtak a fogai.

Les yeux de Joe brillaient de peur et de rage, défiant Spitz de frapper.

Joe szeme félelemtől és dühtől csillogott, ahogy Spitzet lecsapásra sürgette.

Spitz abandonna le combat et se détourna, humilié et en colère.

Spitz feladta a harcot, és megalázva, dühösen elfordult.

Il a déversé sa frustration sur le pauvre Billee et l'a chassé.

Szegény Billee-n vezette le a dühét, és elkergette.

Ce soir-là, Perrault ajouta un chien de plus à l'équipe.

Azon az estén Perrault még egy kutyával bővítette a csapatot.

Ce chien était vieux, maigre et couvert de cicatrices de guerre.

Ez a kutya öreg, sovány volt, és harci sebek borították.

L'un de ses yeux manquait, mais l'autre brillait de puissance.

Az egyik szeme hiányzott, de a másik erőtől csillogott.

Le nom du nouveau chien était Solleks, ce qui signifiait « celui qui est en colère ».

Az új kutya neve Solleks volt, ami a Mérges Embert jelentette.

Comme Dave, Solleks ne demandait rien aux autres et ne donnait rien en retour.

Dave-hez hasonlóan Solleks sem kért semmit másoktól, és semmit sem adott cserébe.

Lorsque Solleks entra lentement dans le camp, même Spitz resta à l'écart.

Amikor Solleks lassan bevonult a táborba, még Spitz is távol maradt.

Il avait une étrange habitude que Buck a eu la malchance de découvrir.

Volt egy furcsa szokása, amit Buck balszerencséjére felfedezett.

Solleks détestait qu'on l'approche du côté où il était aveugle.

Solleks utálta, ha arról az oldalról közelítették meg, ahol vak volt.

Buck ne le savait pas et a fait cette erreur par accident.

Buck ezt nem tudta, és véletlenül követte el ezt a hibát.

Solleks se retourna et frappa l'épaule de Buck profondément et rapidement.

Solleks megpördült, és mélyen, gyorsan megvágta Buck vállát.

À partir de ce moment, Buck ne s'est plus jamais approché du côté aveugle de Solleks.

Attól a pillanattól kezdve Buck soha többé nem került Solleks szem elől.

Ils n'ont plus jamais eu de problèmes pendant le reste de leur temps ensemble.

Az együtt töltött idejük hátralévő részében soha többé nem volt bajuk.

Solleks voulait seulement être laissé seul, comme le calme Dave.

Solleks csak arra vágyott, hogy békén hagyják, mint a csendes Dave.

Mais Buck apprendra plus tard qu'ils avaient chacun un autre objectif secret.

De Buck később megtudta, hogy mindkettőjüknek volt egy másik titkos célja is.

Cette nuit-là, Buck a dû faire face à un nouveau défi troublant : comment dormir.

Azon az éjszakán Buck egy új és nyugtalanító kihívással nézett szembe – hogyan aludjon el.

La tente brillait chaleureusement à la lumière des bougies dans le champ enneigé.

A sátor melegen világított a gyertyafényben a havas mezőn.

Buck entra, pensant qu'il pourrait se reposer là comme avant.

Buck belépett, és arra gondolt, hogy ott is ugyanúgy kipihenheti magát, mint azelőtt.

Mais Perrault et François lui criaient dessus et lui jetaient des casseroles.

De Perrault és François ráordítottak és serpenyőket dobáltak.

Choqué et confus, Buck s'est enfui dans le froid glacial.

Buck megdöbbenve és zavartan kirohant a dermesztő hidegbe.

Un vent glacial piquait son épaule blessée et lui gelait les pattes.

Keserű szél csípte sebesült vállát és megdermedtették a mancsait.

Il s'est allongé dans la neige et a essayé de dormir à la belle étoile.

Lefeküdt a hóba, és megpróbált kint aludni a szabadban.

Mais le froid l'obligea bientôt à se relever, tremblant terriblement.

De a hideg hamarosan arra kényszerítette, hogy felkeljen, és erősen remegett.

Il erra dans le camp, essayant de trouver un endroit plus chaud.

Átbotorkált a táboron, melegebb helyet keresve.

Mais chaque coin était aussi froid que le précédent.

De minden sarok ugyanolyan hideg volt, mint az előző.

Parfois, des chiens sauvages sautaient sur lui dans l'obscurité.

Néha vad kutyák ugrottak rá a sötétségből.

Buck hérissa sa fourrure, montra ses dents et grogna en signe d'avertissement.

Buck felborzolta a bundáját, kivillantotta a fogát, és figyelmeztetően vicsorgott.

Il apprenait vite et les autres chiens reculaient rapidement.

Gyorsan tanult, a többi kutya pedig gyorsan hátrált.

Il n'avait toujours pas d'endroit où dormir et ne savait pas quoi faire.

Mégis, nem volt hol aludnia, és fogalma sem volt, mitévő legyen.

Finalement, une pensée lui vint : aller voir ses coéquipiers.

Végre eszébe jutott egy gondolat – megnézni, hogy vannak-e a csapattársai.

Il est retourné dans leur région et a été surpris de les trouver partis.

Visszatért a környékükre, és meglepődve látta, hogy eltűntek.

Il chercha à nouveau dans le camp, mais ne parvint toujours pas à les trouver.

Újra átkutatta a tábort, de még mindig nem találta őket.

Il savait qu'ils ne pouvaient pas être dans la tente, sinon il le serait aussi.

Tudta, hogy nem lehetnek a sátorban, különben ő is ott lenne.

Alors, où étaient passés tous les chiens dans ce camp gelé ?

Hová tűntek a kutyák ebben a fagyos táborban?

Buck, froid et misérable, tournait lentement autour de la tente.

Buck, fázva és nyomorultan, lassan körözött a sátor körül.

Soudain, ses pattes avant s'enfoncèrent dans la neige molle et le surprit.

Hirtelen mellső lábai a puha hóba süllyedtek, és megijesztették.

Quelque chose se tortilla sous ses pieds et il sursauta en arrière, effrayé.

Valami megmozdult a lába alatt, és ijedtében hátraugrott.

Il grogna et grogna, ne sachant pas ce qui se cachait sous la neige.

Morgott és vicsorgott, fogalma sem volt, mi rejlik a hó alatt.

Puis il entendit un petit aboiement amical qui apaisa sa peur.

Aztán egy barátságos kis ugatást hallott, ami enyhítette a félelmét.

Il renifla l'air et s'approcha pour voir ce qui était caché.

Beleszimatolt a levegőbe, és közelebb jött, hogy lássa, mi rejtőzik.

Sous la neige, recroquevillée en boule chaude, se trouvait la petite Billee.

A hó alatt, meleg gombóccá összegömbölyödve feküdt a kis Billee.

Billee remua la queue et lécha le visage de Buck pour le saluer.

Billee farkcsóválva megnyalta Buck arcát, hogy üdvözölje.

Buck a vu comment Billee avait fabriqué un endroit pour dormir dans la neige.

Buck látta, hogyan készített Billee magának alvóhelyet a hóban.

Il avait creusé et utilisé sa propre chaleur pour rester au chaud.

Leásta magát, és a saját hőjét használta fel melegen.

Buck avait appris une autre leçon : c'est ainsi que les chiens dormaient.

Buck egy újabb leckét tanult meg – így aludtak a kutyák.

Il a choisi un endroit et a commencé à creuser son propre trou dans la neige.

Kiválasztott egy helyet, és elkezdte ásni a saját gödrét a hóban.

Au début, il bougeait trop et gaspillait de l'énergie.

Először túl sokat mozgott, és ezzel energiát pazarolt.

Mais bientôt son corps réchauffa l'espace et il se sentit en sécurité.

De hamarosan a teste felmelegítette a teret, és biztonságban érezte magát.

Il se recroquevilla étroitement et, peu de temps après, il s'endormit profondément.

Szorosan összegömbölyödött, és nemsokára mélyen elaludt.

La journée avait été longue et dure, et Buck était épuisé.

Hosszú és nehéz nap volt, Buck pedig kimerült.

Il dormait profondément et confortablement, même si ses rêves étaient fous.

Mélyen és kényelmesen aludt, bár álmai vadul teltek voltak.

Il grognait et aboyait dans son sommeil, se tordant pendant qu'il rêvait.

Morgott és ugatott álmában, fészkelődve álmodás közben.

Buck ne s'est réveillé que lorsque le camp était déjà en train de prendre vie.

Buck csak akkor ébredt fel, amikor a tábor már életre kelt.

Au début, il ne savait pas où il était ni ce qui s'était passé.

Először azt sem tudta, hol van, vagy mi történt.

La neige était tombée pendant la nuit et avait complètement enseveli son corps.

Az éjszaka folyamán hó esett, és teljesen eltemette a testét.

La neige se pressait autour de lui, serrée de tous côtés.

A hó minden oldalról szorosan körülvette.

Soudain, une vague de peur traversa tout le corps de Buck.

Hirtelen félelemhullám söpört végig Buck egész testén.

C'était la peur d'être piégé, une peur venue d'instincts profonds.

A csapdába eséstől való félelem volt, mélyen gyökerező ösztönökből fakadó félelem.

Bien qu'il n'ait jamais vu de piège, la peur vivait en lui.

Bár még soha nem látott csapdát, a félelem benne élt.

C'était un chien apprivoisé, mais maintenant ses vieux instincts sauvages se réveillaient.

Szelíd kutya volt, de most régi, vad ösztönei kezdtek felébredni.

Les muscles de Buck se tendirent et sa fourrure se dressa sur tout son dos.

Buck izmai megfeszültek, és a hátán felállt a szőre.

Il grogna férocement et bondit droit dans la neige.

Vadul felvicsorgott, és egyenesen felugrott a hóba.

La neige volait dans toutes les directions alors qu'il faisait irruption dans la lumière du jour.

Hó repült minden irányba, ahogy kitört a napfényre.

Avant même d'atterrir, Buck vit le camp s'étendre devant lui.

Még a partraszállás előtt Buck látta maga előtt a szétterülő tábort.

Il se souvenait de tout ce qui s'était passé la veille, d'un seul coup.

Egyszerre mindenre emlékezett az előző napról.

Il se souvenait d'avoir flâné avec Manuel et d'avoir fini à cet endroit.

Emlékezett rá, ahogy Manuellel sétáltunk, és végül itt kötöttünk ki.

Il se souvenait avoir creusé le trou et s'être endormi dans le froid.

Emlékezett rá, hogy megásta a gödröt, és elaludt a hidegben.

Maintenant, il était réveillé et le monde sauvage qui l'entourait était clair.

Most már ébren volt, és a körülötte lévő vad világ tiszta volt.

Un cri de François salua l'apparition soudaine de Buck.

François kiáltása üdvözölte Buck hirtelen megjelenését.

« Qu'est-ce que j'ai dit ? » cria le conducteur du chien à Perrault.

– Mit mondtam? – kiáltotta hangosan Perrault-nak a kutyahajcsár.

« Ce Buck apprend vraiment très vite », a ajouté François.

„Az a Buck tényleg gyorsan tanul, mint bármi más" – tette hozzá François.

Perrault hocha gravement la tête, visiblement satisfait du résultat.

Perrault komolyan bólintott, láthatóan elégedett volt az eredménnyel.

En tant que courrier pour le gouvernement canadien, il transportait des dépêches.

A kanadai kormány futárjaként küldeményeket kézbesített.

Il était impatient de trouver les meilleurs chiens pour son importante mission.

Alig várta, hogy megtalálja a legjobb kutyákat fontos küldetéséhez.

Il se sentait particulièrement heureux maintenant que Buck faisait partie de l'équipe.

Különösen örült most, hogy Buck a csapat tagja lett.

Trois autres huskies ont été ajoutés à l'équipe en une heure.

Egy órán belül további három husky került a csapatba.

Cela porte le nombre total de chiens dans l'équipe à neuf.

Ezzel a csapatban lévő kutyák teljes száma kilencre emelkedett.

En quinze minutes, tous les chiens étaient dans leurs harnais.

Tizenöt percen belül az összes kutya a hámjában volt.

L'équipe de traîneaux remontait le sentier en direction du canyon de Dyea.

A szánkócsapat Dyea Cañon felé döcögött felfelé az ösvényen.

Buck était heureux de partir, même si le travail à venir était difficile.

Buck örült, hogy elmehet, még ha nehéz is volt a munka.

Il s'est rendu compte qu'il ne détestait pas particulièrement le travail ou le froid.

Rájött, hogy nem utálta különösebben a munkát vagy a hideget.

Il a été surpris par l'empressement qui a rempli toute l'équipe.

Meglepte a lelkesedés, ami az egész csapatot eltöltötte.

Encore plus surprenant fut le changement qui s'était produit chez Dave et Solleks.

Még meglepőbb volt a változás, ami Dave-vel és Solleksszel történt.

Ces deux chiens étaient complètement différents lorsqu'ils étaient attelés.

Ez a két kutya teljesen más volt, amikor befogták őket.

Leur passivité et leur manque d'intérêt avaient complètement disparu.

Passzivitásuk és közönyük teljesen eltűnt.

Ils étaient alertes et actifs, et désireux de bien faire leur travail.

Éberek és aktívak voltak, és igyekeztek jól elvégezni a munkájukat.

Ils s'irritaient violemment à tout ce qui pouvait provoquer un retard ou une confusion.

Hevesen ingerültek lettek bármitől, ami késedelmet vagy zavart okozott.

Le travail acharné sur les rênes était le centre de tout leur être.

A gyeplőn végzett kemény munka volt egész lényük középpontjában.

Tirer un traîneau semblait être la seule chose qu'ils appréciaient vraiment.

Úgy tűnt, a szánhúzás az egyetlen dolog, amit igazán élveztek.

Dave était à l'arrière du groupe, le plus proche du traîneau lui-même.

Dave a csoport hátulján volt, legközelebb magához a szánhoz.

Buck a été placé devant Dave, et Solleks a dépassé Buck.

Buckot Dave elé ültették, Solleks pedig Buck elé húzott.

Le reste des chiens était aligné devant eux en file indienne.

A többi kutya egyetlen sort alkotva terelődött előre.

La position de tête à l'avant était occupée par Spitz.

Az élvonalban a vezető pozíciót Spitz töltötte be.

Buck avait été placé entre Dave et Solleks pour l'instruction.

Buckot Dave és Solleks közé helyezték oktatás céljából.

Il apprenait vite et ils étaient des professeurs fermes et compétents.

Gyorsan tanult, a tanárok pedig határozottak és rátermettek voltak.

Ils n'ont jamais permis à Buck de rester longtemps dans l'erreur.

Soha nem engedték, hogy Buck sokáig tévedésben maradjon.

Ils ont enseigné leurs leçons avec des dents acérées quand c'était nécessaire.

Éles fogakkal tanították a leckéiket, ha kellett.

Dave était juste et faisait preuve d'une sagesse calme et sérieuse.

Dave igazságos volt, és csendes, komoly bölcsességről tanúskodott.

Il n'a jamais mordu Buck sans une bonne raison de le faire.

Soha nem harapta meg Buckot alapos ok nélkül.

Mais il n'a jamais manqué de mordre lorsque Buck avait besoin d'être corrigé.

De sosem mulasztotta el a harapást, amikor Bucknak helyreigazításra volt szüksége.

Le fouet de François était toujours prêt et soutenait leur autorité.

François ostora mindig készen állt, és alátámasztotta tekintélyüket.

Buck a vite compris qu'il valait mieux obéir que riposter.

Buck hamarosan rájött, hogy jobb engedelmeskedni, mint visszatámadni.

Un jour, lors d'un court repos, Buck s'est emmêlé dans les rênes.

Egyszer, egy rövid pihenő alatt, Buck beleakadt a gyeplőbe.

Il a retardé le départ et a perturbé le mouvement de l'équipe.

Késleltette a kezdést és összezavarta a csapat mozgását.

Dave et Solleks se sont jetés sur lui et lui ont donné une raclée.

Dave és Solleks rárontottak, és durván megverték.

L'enchevêtrement n'a fait qu'empirer, mais Buck a bien appris sa leçon.

A gubanc csak rosszabb lett, de Buck jól megtanulta a leckét.

Dès lors, il garda les rênes tendues et travailla avec soin.

Ettől kezdve feszesen tartotta a gyeplőt, és óvatosan dolgozott.

Avant la fin de la journée, Buck avait maîtrisé une grande partie de sa tâche.

Mire a nap véget ért, Buck már nagyrészt elsajátította a feladatát.

Ses coéquipiers ont presque arrêté de le corriger ou de le mordre.

A csapattársai szinte abbahagyták a firtatását vagy a harapdálását.

Le fouet de François claquait de moins en moins souvent dans l'air.

François ostora egyre ritkábban csattant a levegőben.

Perrault a même soulevé les pieds de Buck et a soigneusement examiné chaque patte.

Perrault még Buck lábait is felemelte, és gondosan megvizsgálta mindegyik mancsot.

Cela avait été une journée de course difficile, longue et épuisante pour eux tous.

Kemény, hosszú és kimerítő futásnap volt ez mindannyiuk számára.

Ils remontèrent le Cañon, traversèrent Sheep Camp et passèrent devant les Scales.

Felmentek a Cañonon, át Sheep Campen, és elhaladtak a
Scales-hegység mellett.

**Ils ont traversé la limite des forêts, puis des glaciers et des
congères de plusieurs mètres de profondeur.**

Átlépték az erdőhatárt, majd gleccsereket és több méter mély
hótorlaszokat.

**Ils ont escaladé la grande et froide chaîne de montagnes
Chilkoot Divide.**

Megmászták a nagy hideget és a félelmetes Chilkoot-hágót.

**Cette haute crête se dressait entre l'eau salée et l'intérieur
gelé.**

Az a magas gerinc a sós víz és a fagyott belső tér között állt.

**Les montagnes protégeaient le Nord triste et solitaire avec de
la glace et des montées abruptes.**

A hegyek jéggel és meredek emelkedőkkel őrizték a szomorú
és magányos Északot.

**Ils ont parcouru à bon rythme une longue chaîne de lacs en
aval de la ligne de partage des eaux.**

Jól haladtak lefelé a vízválasztó alatti hosszú tóláncon.

Ces lacs remplissaient les anciens cratères de volcans éteints.

Ezek a tavak kialudt vulkánok ősi krátereit töltötték meg.

**Tard dans la nuit, ils atteignirent un grand camp au bord du
lac Bennett.**

Késő este elérték a Bennett-tónál lévő nagy tábort.

**Des milliers de chercheurs d'or étaient là, construisant des
bateaux pour le printemps.**

Több ezer aranyásó volt ott, csónakokat építettek a tavaszra.

La glace allait bientôt se briser et ils devaient être prêts.

A jég hamarosan felszakadozott, és készen kellett állniuk.

**Buck creusa son trou dans la neige et tomba dans un
profond sommeil.**

Buck ásta a gödröt a hóban, és mély álomba zuhant.

**Il dormait comme un ouvrier, épuisé par une dure journée
de travail.**

Úgy aludt, mint egy munkásember, kimerülten a kemény
munkanaptól.

Mais trop tôt dans l'obscurité, il fut tiré de son sommeil.

De túl korán a sötétben, felrángatták álmából.

Il fut à nouveau attelé avec ses compagnons et attaché au traîneau.

Újra befogták a társaival, és a szánhoz erősítették.

Ce jour-là, ils ont parcouru quarante milles, car la neige était bien battue.

Azon a napon negyven mérföldet tettek meg, mivel a hó alaposan le volt taposva.

Le lendemain, et pendant plusieurs jours après, la neige était molle.

Másnap, és még sok-sok azután is, a hó puha volt.

Ils ont dû faire le chemin eux-mêmes, en travaillant plus dur et en avançant plus lentement.

Maguknak kellett megtenniük az utat, keményebben dolgozva és lassabban haladva.

Habituellement, Perrault marchait devant l'équipe avec des raquettes palmées.

Perrault általában úszóhártyás hótalpakkal haladt a csapat előtt.

Ses pas ont compacté la neige, facilitant ainsi le déplacement du traîneau.

Léptei belenyomták a havat, megkönnyítve ezzel a szán mozgását.

François, qui dirigeait depuis le mât, prenait parfois le relais.

François, aki a gearboomról kormányzott, néha átvette az irányítást.

Mais il était rare que François prenne les devants

De ritkán fordult elő, hogy François átvette a vezetést.

parce que Perrault était pressé de livrer les lettres et les colis.

mert Perrault sietett a levelek és csomagok kézbesítésével.

Perrault était fier de sa connaissance de la neige, et surtout de la glace.

Perrault büszke volt a hóval, és különösen a jéggel kapcsolatos ismereteire.

Cette connaissance était essentielle, car la glace d'automne était dangereusement mince.

Ez a tudás elengedhetetlen volt, mivel az őszi jég veszélyesen vékony volt.

Là où l'eau coulait rapidement sous la surface, il n'y avait pas du tout de glace.

Ahol a víz gyorsan áramlott a felszín alatt, ott egyáltalán nem volt jég.

Jour après jour, la même routine se répétait sans fin.

Napról napra ugyanaz a rutin ismétlődött vég nélkül.

Buck travaillait sans relâche sur les rênes, de l'aube jusqu'à la nuit.

Buck hajnaltól estig szüntelenül gürcölt a gyeplőben.

Ils quittèrent le camp dans l'obscurité, bien avant le lever du soleil.

Sötétben hagyták el a tábort, jóval napkelte előtt.

Au moment où le jour se leva, ils avaient déjà parcouru de nombreux kilomètres.

Mire megvirradt, már sok kilométert maguk mögött hagytak.

Ils ont installé leur campement après la tombée de la nuit, mangeant du poisson et creusant dans la neige.

Sötétedés után vertek tábort, halat ettek és a hóba ásták magukat.

Buck avait toujours faim et n'était jamais vraiment satisfait de sa ration.

Buck mindig éhes volt, és soha nem volt igazán elégedett az adagjával.

Il recevait une livre et demie de saumon séché chaque jour.

Naponta másfél font szárított lazacot kapott.

Mais la nourriture semblait disparaître en lui, laissant la faim derrière elle.

De az étel mintha eltűnt volna belőle, hátrahagyva az éhséget.

Il souffrait constamment de la faim et rêvait de plus de nourriture.

Állandó éhség gyötörte, és arról álmodozott, hogy több ételt kap.

Les autres chiens n'ont pris qu'une livre, mais ils sont restés forts.

A többi kutya csak egy fontnyi ételt kapott, de erősek maradtak.

Ils étaient plus petits et étaient nés dans le mode de vie du Nord.

Kisebbek voltak, és az északi életbe születtek.

Il perdit rapidement la méticulosité qui avait marqué son ancienne vie.

Gyorsan elvesztette azt a finnyásságot, ami régi életét jellemezte.

Il avait été un mangeur délicat, mais maintenant ce n'était plus possible.

Régen ínycsiklandó evő volt, de most ez már nem volt lehetséges.

Ses camarades ont terminé premiers et lui ont volé sa ration inachevée.

A társai végeztek először, és elrabolták a megmaradt adagját.

Une fois qu'ils ont commencé, il n'y avait aucun moyen de défendre sa nourriture contre eux.

Miután elkezdték, nem volt módja megvédeni az ételét tőlük.

Pendant qu'il combattait deux ou trois chiens, les autres volaient le reste.

Míg ő két-három kutyát elűzött, a többiek ellopták a többit.

Pour résoudre ce problème, il a commencé à manger aussi vite que les autres.

Hogy ezt helyrehozza, olyan gyorsan kezdett enni, mint a többiek.

La faim le poussait tellement qu'il prenait même de la nourriture qui n'était pas la sienne.

Az éhség annyira hajtotta, hogy még a saját ételét is elfogyasztotta.

Il observait les autres et apprenait rapidement de leurs actions.

Figyelte a többieket, és gyorsan tanult a tetteikből.

Il a vu Pike, un nouveau chien, voler une tranche de bacon à Perrault.

Látta, ahogy Pike, az új kutya, ellop egy szelet szalonnát Perrault-tól.

Pike avait attendu que Perrault ait le dos tourné pour voler le bacon.

Pike megvárta, amíg Perrault hátat fordít, hogy ellopja a szalonnát.

Le lendemain, Buck a copié Pike et a volé tout le morceau.

Másnap Buck lemásolta Pike-ot, és ellopta az egészet.

Un grand tumulte s'ensuivit, mais Buck ne fut pas suspecté.

Nagy felfordulás támadt, de Buckot senki sem gyanúsította.

Dub, un chien maladroit qui se faisait toujours prendre, a été puni à la place.

Ehelyett Dubot, az ügyetlen kutyát büntették meg, akit mindig elkaptak.

Ce premier vol a fait de Buck un chien apte à survivre dans le Nord.

Az első lopás Buckot olyan kutyává tette, aki képes túlélni az északi vidéket.

Il a montré qu'il pouvait s'adapter à de nouvelles conditions et apprendre rapidement.

Megmutatta, hogy gyorsan tud alkalmazkodni az új körülményekhez és tanul.

Sans une telle adaptabilité, il serait mort rapidement et gravement.

Ilyen alkalmazkodóképesség nélkül gyorsan és rosszul halt volna meg.

Cela a également marqué l'effondrement de sa nature morale et de ses valeurs passées.

Ez erkölcsi természetének és múltbeli értékeinek összeomlását is jelentette.

Dans le Southland, il avait vécu sous la loi de l'amour et de la bonté.

Délvidéken a szeretet és a kedvesség törvénye szerint élt.

Là, il était logique de respecter la propriété et les sentiments des autres chiens.

Ott volt értelme tiszteletben tartani a tulajdont és más kutyák érzéseit.

Mais le Northland suivait la loi du gourdin et la loi du croc.

De Északföld a bunkó és az agyar törvényét követte.

Quiconque respectait les anciennes valeurs ici était stupide et échouerait.

Aki itt a régi értékeket tisztelte, az ostoba volt, és el fog bukni.

Buck n'a pas réfléchi à tout cela dans son esprit.

Buck mindezt nem gondolta végig magában.

Il était en forme et s'est donc adapté sans avoir besoin de réfléchir.

Fitt volt, így gondolkodás nélkül alkalmazkodott.

De toute sa vie, il n'avait jamais fui un combat.

Egész életében soha nem futott el harc elől.

Mais la massue en bois de l'homme au pull rouge a changé cette règle.

De a piros pulóveres férfi fa bunkója megváltoztatta ezt a szabályt.

Il suivait désormais un code plus profond et plus ancien, inscrit dans son être.

Most egy mélyebb, régebbi, a lényébe bevésődött kódot követett.

Il ne volait pas par plaisir, mais par faim.

Nem élvezetből lopott, hanem az éhség kínjától.

Il n'a jamais volé ouvertement, mais il a volé avec ruse et prudence.

Soha nem rabolt nyíltan, hanem ravaszul és körültekintően lopott.

Il a agi par respect pour la massue en bois et par peur du croc.

A fabáb iránti tiszteletből és az agyartól való félelemből cselekedett.

En bref, il a fait ce qui était plus facile et plus sûr que de ne pas le faire.

Röviden, azt tette, ami könnyebb és biztonságosabb volt, mint a meg nem tétele.

Son développement – ou peut-être son retour à ses anciens instincts – fut rapide.

A fejlődésc – vagy talán a régi ösztöneihez való visszatérése – gyors volt.

Ses muscles se durcirent jusqu'à devenir aussi forts que du fer.

Izmai addig keményedtek, amíg olyan erősnek nem érezték magukat, mint a vas.

Il ne se souciait plus de la douleur, à moins qu'elle ne soit grave.

Már nem törődött a fájdalommal, kivéve, ha komoly volt.

Il est devenu efficace à l'intérieur comme à l'extérieur, ne gaspillant rien du tout.

Kívül-belül hatékony lett, semmit sem pazarolt.

Il pouvait manger des choses viles, pourries ou difficiles à digérer.

Képes volt undorító, romlott vagy nehezen emészthető dolgokat enni.

Quoi qu'il mange, son estomac utilisait jusqu'au dernier morceau de valeur.

Bármit is evett, a gyomra az utolsó morzsáig felhasználta.

Son sang transportait les nutriments loin dans son corps puissant.

Vére messzire szállította a tápanyagokat erős testében.

Cela a créé des tissus solides qui lui ont donné une endurance incroyable.

Ez erős szöveteket épített ki, amelyek hihetetlen kitartást biztosítottak számára.

Sa vue et son odorat sont devenus beaucoup plus sensibles qu'avant.

A látása és a szaglása sokkal érzékenyebbé vált, mint korábban.

Son ouïe est devenue si fine qu'il pouvait détecter des sons faibles pendant son sommeil.

A hallása annyira kiélesedett, hogy álmában is halvány hangokat tudott hallani.

Il savait dans ses rêves si les sons signifiaient sécurité ou danger.

Álmaiban tudta, hogy a hangok biztonságot vagy veszélyt jelentenek.

Il a appris à mordre la glace entre ses orteils avec ses dents.

Megtanulta, hogyan harapja a fogaival a jégbe a lábujjai
között.

Si un point d'eau gelait, il brisait la glace avec ses jambes.

Ha egy itatóhely befagyott, a lábaival törte fel a jeget.

**Il se cabra et frappa violemment la glace avec ses membres
antérieurs raides.**

Felágaskodott, és merev mellső lábaival keményen a jégre
csapódott.

**Sa capacité la plus frappante était de prédire les
changements de vent pendant la nuit.**

Legfeltűnőbb képessége az éjszakai szélváltozások előrejelzése
volt.

**Même lorsque l'air était calme, il choisissait des endroits
abrités du vent.**

Még szélcsendben is szélvédett helyeket választott.

**Partout où il creusait son nid, le vent du lendemain le
passait à côté de lui.**

Ahol fészket ásott, a másnapi szél elsuhant mellette.

Il finissait toujours par se blottir et se protéger, sous le vent.

Mindig kényelmesen és védve feküdt, a szellő elől védve.

**Buck n'a pas seulement appris par l'expérience : son instinct
est également revenu.**

Buck nemcsak tapasztalatból tanult – az ösztönei is
visszatértek.

**Les habitudes des générations domestiquées ont commencé
à disparaître.**

A megszelídített generációk szokásai elkezdtek hanyatlani.

**De manière vague, il se souvenait des temps anciens de sa
race.**

Homályosan emlékezett fajtája ősi időire.

**Il repensa à l'époque où les chiens sauvages couraient en
meute dans les forêts.**

Visszagondolt azokra az időkre, amikor a vadkutyák
falkákban szaladgáltak az erdőkben.

Ils avaient poursuivi et tué leur proie en la poursuivant.

Üldözték és megölték prédájukat, miközben lefuttatták.

Il était facile pour Buck d'apprendre à se battre avec force et rapidité.

Bucknak könnyű volt megtanulnia, hogyan kell foggal és gyorsan harcolni.

Il utilisait des coupures, des entailles et des coups rapides, tout comme ses ancêtres.

Vágásokat, vágásokat és gyors csettintéseket használt, akárcsak ősei.

Ces ancêtres se sont réveillés en lui et ont réveillé sa nature sauvage.

Azok az ősök megmozdultak benne, és felébresztették vad természetét.

Leurs anciennes compétences lui avaient été transmises par le sang.

Régi képességeik vérvonalon keresztül öröklődtek át rá.

Leurs tours étaient désormais à lui, sans besoin de pratique ni d'effort.

A trükkjeik most már az övéi voltak, gyakorlás vagy erőfeszítés nélkül.

Lors des nuits calmes et froides, Buck levait le nez et hurlait.

Csendes, hideg éjszakákon Buck felemelte az orrát és vonyított.

Il hurla longuement et profondément, comme le faisaient les loups autrefois.

Hosszan és mélyen vonyított, ahogy a farkasok tették réges-régen.

À travers lui, ses ancêtres morts pointaient leur nez et hurlaient.

Rajta keresztül halott ősei orrukat hegyezve üvöltöttek.

Ils ont hurlé à travers les siècles avec sa voix et sa forme.

Hangján és alakján keresztül üvöltöttek lefelé az évszázadokon.

Ses cadences étaient les leurs, de vieux cris qui parlaient de chagrin et de froid.

A hangja az övék volt, régi kiáltások, melyek a bánatról és a hidegről árulkodtak.

Ils chantaient l'obscurité, la faim et le sens de l'hiver.

A sötétségről, az éhségről és a tél jelentéséről énekeltek.

Buck a prouvé que la vie est façonnée par des forces qui nous dépassent.

Buck bebizonyította, hogy az életet rajtunk kívül álló erők alakítják,

L'ancienne chanson s'éleva à travers Buck et s'empara de son âme.

Az ősi dal felszállt Buckból, és megragadta a lelkét.

Il s'est retrouvé parce que les hommes avaient trouvé de l'or dans le Nord.

Azért találta meg önmagát, mert az emberek aranyat találtak Északon.

Et il s'est retrouvé parce que Manuel, l'aide du jardinier, avait besoin d'argent.

És azért találta magát, mert Manuelnek, a kertész segédjének, pénzre volt szüksége.

La Bête Primordiale Dominante
Az uralkodó ősállat

La bête primordiale dominante était aussi forte que jamais en Buck.
A domináns ősállat Buckban ugyanolyan erős volt, mint valaha.

Mais la bête primordiale dominante sommeillait en lui.
De az uralkodó ősállat szunnyadt benne.

La vie sur le sentier était dure, mais elle renforçait la bête qui sommeillait en Buck.
Az ösvényen töltött élet kemény volt, de megerősítette Buckban a benne rejlő vadállatot.

Secrètement, la bête devenait de plus en plus forte chaque jour.
Titokban a szörnyeteg minden egyes nappal erősebb és erősebb lett.

Mais cette croissance intérieure est restée cachée au monde extérieur.
De ez a belső fejlődés rejtve maradt a külvilág számára.

Une force primordiale, calme et tranquille, se construisait à l'intérieur de Buck.
Egy csendes és nyugodt, ősi erő épült Buckban.

Une nouvelle ruse a donné à Buck l'équilibre, le calme, le contrôle et l'équilibre.
Az új ravaszság egyensúlyt, nyugodt önuralom és higgadtságot kölcsönzött Bucknak.

Buck s'est concentré sur son adaptation, sans jamais se sentir complètement détendu.
Buck erősen az alkalmazkodásra koncentrált, sosem érezte magát teljesen ellazultnak.

Il évitait les conflits, ne déclenchait jamais de bagarres et ne cherchait jamais les ennuis.
Kerülte a konfliktusokat, soha nem kezdett verekedéseket, és nem kereste a bajt.

Une réflexion lente et constante façonnait chaque mouvement de Buck.

Buck minden mozdulatát lassú, de biztos megfontolás jellemezte.

Il évitait les choix irréfléchis et les décisions soudaines et imprudentes.

Kerülte a meggondolatlan döntéseket és a hirtelen, meggondolatlan döntéseket.

Bien que Buck détestait profondément Spitz, il ne lui montrait aucune agressivité.

Bár Buck mélységesen gyűlölte Spitzet, nem mutatott vele szemben agressziót.

Buck n'a jamais provoqué Spitz et a gardé ses actions contenues.

Buck soha nem provokálta Spitzet, és visszafogottan cselekedett.

Spitz, de son côté, sentait le danger grandissant chez Buck.

Spitz viszont érezte a Buckban növekvő veszélyt.

Il considérait Buck comme une menace et un sérieux défi à son pouvoir.

Buckot fenyegetésnek és hatalma komoly kihívásának tekintette.

Il profitait de chaque occasion pour grogner et montrer ses dents acérées.

Minden alkalmat megragadott, hogy vicsorogjon és megmutassa éles fogait.

Il essayait de déclencher le combat mortel qui devait avoir lieu.

Megpróbálta megkezdeni a halálos harcot, amelynek el kellett jönnie.

Au début du voyage, une bagarre a failli éclater entre eux.

Az út elején majdnem verekedés tört ki közöttük.

Mais un accident inattendu a empêché le combat d'avoir lieu.

Ám egy váratlan baleset megakadályozta a verekedést.

Ce soir-là, ils installèrent leur campement sur le lac Le Barge, extrêmement froid.

Azon az estén tábort vertek a keservesen hideg Le Barge-tavon.

La neige tombait fort et le vent soufflait comme un couteau.
Keményen esett a hó, a szél pedig késként vágott.

La nuit était venue trop vite et l'obscurité les entourait.
Túl gyorsan leszállt az éjszaka, és sötétség vette körül őket.

Ils n'auraient pas pu choisir un pire endroit pour se reposer.
Aligha választhattak volna rosszabb helyet a pihenésre.

Les chiens cherchaient désespérément un endroit où se coucher.
A kutyák kétségbeesetten kerestek egy helyet, ahol lefeküdhetnek.

Un haut mur de roche s'élevait abruptement derrière le petit groupe.
Egy magas sziklafal emelkedett meredeken a kis csoport mögött.

La tente avait été laissée à Dyea pour alléger la charge.
A sátrat Dyeában hagyták, hogy könnyítsenek a terhen.

Ils n'avaient pas d'autre choix que d'allumer le feu sur la glace elle-même.
Nem volt más választásuk, mint hogy magukon a jégen tüzet gyújtsanak.

Ils étendent leurs robes de nuit directement sur le lac gelé.
Hálóruháikat közvetlenül a befagyott tóra terítették.

Quelques bâtons de bois flotté leur ont donné un peu de feu.
Néhány uszadékfa-rúd adott nekik egy kis tüzet.

Mais le feu s'est allumé sur la glace et a fondu à travers elle.
De a tűz a jégen rakódott, és azon keresztül olvadt el.

Finalement, ils mangeaient leur dîner dans l'obscurité.
Végül sötétben ették meg a vacsorájukat.

Buck s'est recroquevillé près du rocher, à l'abri du vent froid.
Buck összegömbölyödött a szikla mellett, védve a hideg széltől.

L'endroit était si chaud et sûr que Buck détestait déménager.
A hely olyan meleg és biztonságos volt, hogy Buck nem szívesen mozdult el onnan.

Mais François avait réchauffé le poisson et distribuait les rations.

De François már megmelegítette a halat, és már osztotta az élelmet.

Buck finit de manger rapidement et retourna dans son lit.

Buck gyorsan befejezte az evést, és visszafeküdt az ágyába.

Mais Spitz était maintenant allongé là où Buck avait fait son lit.

De Spitz most ott feküdt, ahol Buck megágyazott.

Un grognement sourd avertit Buck que Spitz refusait de bouger.

Egy halk vicsorgás figyelmeztette Buckot, hogy Spitz nem hajlandó mozdulni.

Jusqu'à présent, Buck avait évité ce combat avec Spitz.

Buck eddig elkerülte a Spitz-csel vívott harcot.

Mais au plus profond de Buck, la bête s'est finalement libérée.

De Buck legbelül végre elszabadult a szörnyeteg.

Le vol de son lieu de couchage était trop difficile à tolérer.

A hálóhelyének ellopása túl sok volt ahhoz, hogy elviselje.

Buck se lança sur Spitz, plein de colère et de rage.

Buck dühösen és dühösen Spitzre vetette magát.

Jusqu'à présent, Spitz pensait que Buck n'était qu'un gros chien.

Spitz eddig csak egy nagy kutyának gondolta Buckot.

Il ne pensait pas que Buck avait survécu grâce à son esprit.

Nem gondolta, hogy Buck a szelleme révén élte túl.

Il s'attendait à la peur et à la lâcheté, pas à la fureur et à la vengeance.

Félelemre és gyávaságra számított, nem dühre és bosszúra.

François regarda les deux chiens sortir du nid en ruine.

François bámulta, ahogy mindkét kutya előtört a romos fészekből.

Il comprit immédiatement ce qui avait déclenché cette lutte sauvage.

Azonnal megértette, mi indította el a vad küzdelmet.

« Aa-ah ! » s'écria François en soutien au chien brun.

„Ááá!" – kiáltotta François, támogatva a barna kutyát.

« Frappez-le ! Par Dieu, punissez ce voleur sournois ! »

„Adj neki egy verést! Istenre, büntesse meg azt a sunyi tolvajt!"

Spitz a montré une volonté égale et une impatience folle de se battre.

Spitz egyenlő készenlétet és vad harci vágyat mutatott.

Il cria de rage tout en tournant rapidement en rond, cherchant une ouverture.

Dühösen felkiáltott, miközben gyorsan körözött, rést keresve.

Buck a montré la même soif de combat et la même prudence.

Buck ugyanazt a harci vágyat és ugyanazt az óvatosságot mutatta.

Il a également encerclé son adversaire, essayant de prendre le dessus dans la bataille.

Ő is megkerülte ellenfelét, próbálva fölénybe kerülni a csatában.

Puis quelque chose d'inattendu s'est produit et a tout changé.

Aztán történt valami váratlan, és mindent megváltoztatott.

Ce moment a retardé l'éventuelle lutte pour le leadership.

Ez a pillanat késleltette a vezetésért folytatott végső küzdelmet.

De nombreux kilomètres de piste et de lutte attendaient encore avant la fin.

Még sok kilométernyi út és küzdelem várt a végére.

Perrault cria un juron tandis qu'une massue frappait un os.

Perrault egy káromkodást kiáltott, amikor egy bunkó csontnak csapódott.

Un cri aigu de douleur suivit, puis le chaos explosa tout autour.

Éles, fájdalmas sikoly következett, majd mindenütt káosz tört ki.

Des formes sombres se déplaçaient dans le camp ; des huskies sauvages, affamés et féroces.

Sötét alakok mozogtak a táborban; vad, kiéhezett és vadak kutyák.

Quatre ou cinq douzaines de huskies avaient reniflé le camp de loin.

Négy-öt tucat husky szaglászott már messziről a tábor körül.

Ils s'étaient glissés discrètement pendant que les deux chiens se battaient à proximité.

Csendben lopakodtak be, miközben a két kutya a közelben verekedett.

François et Perrault chargèrent en brandissant des massues sur les envahisseurs.

François és Perrault rohamra indultak, botokkal lendítve a támadókat.

Les huskies affamés ont montré les dents et ont riposté avec frénésie.

Az éhező huskyk kivillantották a fogaikat, és dühösen visszavágtak.

L'odeur de la viande et du pain les avait chassés de toute peur.

A hús és a kenyér illata minden félelmüktől megfosztotta őket.

Perrault battait un chien qui avait enfoui sa tête dans la boîte à nourriture.

Perrault megvert egy kutyát, amely a fejét az eleségdobozba dugta.

Le coup a été violent et la boîte s'est retournée, la nourriture s'est répandue.

Az ütés erős volt, a doboz felborult, és étel ömlött ki belőle.

En quelques secondes, une vingtaine de bêtes sauvages déchirèrent le pain et la viande.

Másodpercek alatt egy tucat vadállat tépte szét a kenyeret és a húst.

Les gourdin masculins ont porté coup sur coup, mais aucun chien ne s'est détourné.

A férfiütők ütésről ütésre érkeztek, de egyetlen kutya sem fordult el.

Ils hurlaient de douleur, mais se battaient jusqu'à ce qu'il ne reste plus de nourriture.

Fájdalmukban üvöltöttek, de addig küzdöttek, amíg el nem fogyott az élelmük.

Pendant ce temps, les chiens de traîneau avaient sauté de leurs lits enneigés.

Eközben a szánhúzó kutyák kiugrottak havas ágyaikból.

Ils ont été immédiatement attaqués par les huskies vicieux et affamés.

Azonnal megtámadták őket a veszett, éhes huskyk.

Buck n'avait jamais vu de créatures aussi sauvages et affamées auparavant.

Buck még soha nem látott ilyen vad és kiéhezett teremtményeket.

Leur peau pendait librement, cachant à peine leur squelette.

Bőrük lazán lógott, alig rejtve a csontvázukat.

Il y avait un feu dans leurs yeux, de faim et de folie

Tűz égett a szemükben az éhségtől és az őrülettől

Il n'y avait aucun moyen de les arrêter, aucune résistance à leur ruée sauvage.

Nem lehetett őket megállítani; nem lehetett ellenállni vad rohamuknak.

Les chiens de traîneau furent repoussés, pressés contre la paroi de la falaise.

A szánhúzó kutyákat hátralökték, a sziklafalhoz nyomták.

Trois huskies ont attaqué Buck en même temps, déchirant sa chair.

Három husky támadt rá Buckra egyszerre, és a húsába tépték a húsát.

Du sang coulait de sa tête et de ses épaules, là où il avait été coupé.

Vér ömlött a fejéből és a vállából, ahol megvágták.

Le bruit remplissait le camp : grognements, cris et cris de douleur.

A zaj betöltötte a tábort; morgás, visítás és fájdalmas kiáltások.

Billee pleurait fort, comme d'habitude, prise dans la mêlée et la panique.

Billee hangosan sírt, mint általában, a pánik és a csetepaté közepette.

Dave et Solleks se tenaient côte à côte, saignant mais provocants.

Dave és Solleks egymás mellett álltak, vérezve, de dacosan.

Joe s'est battu comme un démon, mordant tout ce qui s'approchait.

Joe démonként harcolt, mindent megharapott, ami a közelébe került.

Il a écrasé la jambe d'un husky d'un claquement brutal de ses mâchoires.

Egyetlen brutális állkapocs-csattanással szétzúzta egy husky lábát.

Pike a sauté sur le husky blessé et lui a brisé le cou instantanément.

Pike ráugrott a sebesült huskyra, és azonnal eltörte a nyakát.

Buck a attrapé un husky par la gorge et lui a déchiré la veine.

Buck elkapott egy huskyt a torkánál, és átszakította az erét.

Le sang gicla et le goût chaud poussa Buck dans une frénésie.

Vér fröccsent, és a meleg íz őrületbe kergette Buckot.

Il s'est jeté sur un autre agresseur sans hésitation.

Gondolkodás nélkül rávetette magát egy másik támadóra.

Au même moment, des dents acérées s'enfoncèrent dans la gorge de Buck.

Ugyanebben a pillanatban éles fogak vájtak Buck torkába.

Spitz avait frappé de côté, attaquant sans avertissement.

Spitz oldalról csapott le, előzetes figyelmeztetés nélkül támadva.

Perrault et François avaient vaincu les chiens en volant la nourriture.

Perrault és François legyőzték az élelmet lopó kutyákat.

Ils se sont alors précipités pour aider leurs chiens à repousser les attaquants.

Most siettek, hogy segítsenek kutyáiknak visszaverni a támadókat.

Les chiens affamés se retirèrent tandis que les hommes brandissaient leurs gourdins.

Az éhező kutyák visszavonultak, miközben a férfiak meglendítették a bunkóikat.

Buck s'est libéré de l'attaque, mais l'évasion a été brève.

Buck kiszabadult a támadás elől, de a menekülés rövid volt.

Les hommes ont couru pour sauver leurs chiens, et les huskies ont de nouveau afflué.

A férfiak a kutyáik megmentésére rohantak, de a huskyk ismét ellepték őket.

Billee, effrayé et courageux, sauta dans la meute de chiens.

Billee, akit félelemmel rémített a bátorság, beugrott a kutyák falkájába.

Mais il s'est alors enfui sur la glace, saisi de terreur et de panique.

De aztán átmenekült a jégen, nyers rettegésben és pánikban.

Pike et Dub suivaient de près, courant pour sauver leur vie.

Pike és Dub szorosan a nyomukban követték őket, életüket mentve futva.

Le reste de l'équipe s'est séparé et dispersé, les suivant.

A csapat többi tagja szétszóródott, és a nyomukban követte őket.

Buck rassembla ses forces pour courir, mais vit alors un éclair.

Buck összeszedte minden erejét, hogy elfusson, de ekkor egy villanást látott.

Spitz s'est jeté sur le côté de Buck, essayant de le faire tomber au sol.

Spitz Buck oldalára vetette magát, és megpróbálta a földre lökni.

Sous cette foule de huskies, Buck n'aurait eu aucune échappatoire.

Azzal a husky csapattal szemben Bucknak nem volt menekvés.

Mais Buck est resté ferme et s'est préparé au coup de Spitz.

De Buck szilárdan állt és felkészült Spitz csapására.

Puis il s'est retourné et a couru sur la glace avec l'équipe en fuite.

Aztán megfordult, és a menekülő csapattal együtt kirohant a jégre.

Plus tard, les neuf chiens de traîneau se sont rassemblés à l'abri des bois.

Később a kilenc szánhúzó kutya összegyűlt az erdő menedékében.

Personne ne les poursuivait plus, mais ils étaient battus et blessés.

Senki sem üldözte őket már, de összetörtek és megsebesültek.

Chaque chien avait des blessures ; quatre ou cinq coupures profondes sur chaque corps.

Minden kutyán sebek voltak; négy vagy öt mély vágás mindegyik testén.

Dub avait une patte arrière blessée et avait du mal à marcher maintenant.

Dubnak megsérült az egyik hátsó lába, és most már nehezen tudott járni.

Dolly, le nouveau chien de Dyea, avait la gorge tranchée.

Dollynak, Dyea legújabb kutyájának elvágták a torkát.

Joe avait perdu un œil et l'oreille de Billee était coupée en morceaux

Joe elvesztette az egyik szemét, Billee füle pedig darabokra tört.

Tous les chiens ont crié de douleur et de défaite toute la nuit.

Az összes kutya fájdalmasan és legyőzötten sírt egész éjjel.

À l'aube, ils retournèrent au camp, endoloris et brisés.

Hajnalban visszaosontak a táborba, fájóan és összetörve.

Les huskies avaient disparu, mais le mal était fait.

A huskyk eltűntek, de a kár már megtörtént.

Perrault et François étaient de mauvaise humeur à cause de la ruine.

Perrault és François rosszkedvűen álltak a romok felett.

La moitié de la nourriture avait disparu, volée par les voleurs affamés.

Az élelem fele eltűnt, az éhes tolvajok elrabolták.

Les huskies avaient déchiré les fixations et la toile du traîneau.

A huskyk elszakították a szánkó kötözését és a vásznat.

Tout ce qui avait une odeur de nourriture avait été complètement dévoré.

Mindent, aminek ételszaga volt, teljesen felfaltak.

Ils ont mangé une paire de bottes de voyage en peau d'élan de Perrault.

Megették Perrault egy pár jávorszarvasbőr utazócsizmáját.

Ils ont mâché des reis en cuir et ruiné des sangles au point de les rendre inutilisables.

Bőr reiseket rágcsáltak, és használhatatlanná tették a szíjakat.

François cessa de fixer le fouet déchiré pour vérifier les chiens.

François abbahagyta a tépett korbács bámulását, hogy ellenőrizze a kutyákat.

« Ah, mes amis », dit-il d'une voix basse et pleine d'inquiétude.

– Ó, barátaim – mondta halk, aggodalommal teli hangon.

« Peut-être que toutes ces morsures vous transformeront en bêtes folles. »

„Talán ezek a harapások őrült fenevadakká változtatnak benneteket."

« Peut-être que ce sont tous des chiens enragés, sacredam ! Qu'en penses-tu, Perrault ? »

„Talán mind veszett kutyák, szent ég! Mit gondolsz, Perrault?"

Perrault secoua la tête, les yeux sombres d'inquiétude et de peur.

Perrault a fejét rázta, szeme elkomorult az aggodalomtól és a félelemtől.

Il y avait encore quatre cents milles entre eux et Dawson.

Még négyszáz mérföld választotta el őket Dawsontól.

La folie canine pourrait désormais détruire toute chance de survie.

A kutyaőrület most már minden esélyt tönkretehet a túlélésre.

Ils ont passé deux heures à jurer et à essayer de réparer le matériel.

Két órát töltöttek káromkodással és a felszerelés megjavításával.

L'équipe blessée a finalement quitté le camp, brisée et vaincue.

A sebesült csapat végül megtörve és legyőzve elhagyta a tábort.

C'était le sentier le plus difficile jusqu'à présent, et chaque pas était douloureux.

Ez volt a legnehezebb út, és minden lépés fájdalmas volt.

La rivière Thirty Mile n'était pas gelée et coulait à flots.

A Harminc Mérföld folyó nem fagyott be, és vadul sebesen hömpölygött.

Ce n'est que dans les endroits calmes et les tourbillons que la glace parvenait à tenir.

Csak a nyugodt helyeken és az örvénylő területeken sikerült a jégnek megállnia.

Six jours de dur labeur se sont écoulés jusqu'à ce que les trente milles soient parcourus.

Hat nap kemény munka telt el, mire megtették a harminc mérföldet.

Chaque kilomètre parcouru sur le sentier apportait du danger et une menace de mort.

Az ösvény minden egyes mérföldje veszélyt és a halál fenyegetését hordozta magában.

Les hommes et les chiens risquaient leur vie à chaque pas douloureux.

A férfiak és a kutyák minden fájdalmas lépéssel kockáztatták az életüket.

Perrault a franchi des ponts de glace minces à une douzaine de reprises.

Perrault tucatszor tört át vékony jéghidakon.

Il portait une perche et la laissait tomber sur le trou que son corps avait fait.

Magához vett egy rudat, és leejtette azzal a lyukat, amit a teste ejtett.

Plus d'une fois, ce poteau a sauvé Perrault de la noyade.

Az a rúd többször is megmentette Perrault-t a fulladástól.

La vague de froid persistait, l'air était à cinquante degrés en dessous de zéro.

A hideg kitartott, a levegő ötven fok mínuszban volt.

Chaque fois qu'il tombait, Perrault devait allumer un feu pour survivre.

Valahányszor beleesett, Perrault-nak tüzet kellett gyújtania a túléléshez.

Les vêtements mouillés gelaient rapidement, alors il les séchait près d'une source de chaleur intense.

A vizes ruhák gyorsan megfagytak, ezért perzselő hőségben szárította őket.

Aucune peur n'a jamais touché Perrault, et cela a fait de lui un courrier.

Perrault-t soha nem fogta el a félelem, és ez tette őt futárrá.

Il a été choisi pour le danger, et il l'a affronté avec une résolution tranquille.

A veszélyre választották, és csendes elszántsággal fogadta.

Il s'avança face au vent, son visage ratatiné et gelé.

Szélbe szorította magát, összeaszott arca jégcsípte.

De l'aube naissante à la tombée de la nuit, Perrault les mena en avant.

Halvány pirkadattól estig Perrault vezette őket előre.

Il marchait sur une étroite bordure de glace qui se fissurait à chaque pas.

Keskeny, peremén, jégen járt, ami minden lépésnél megrepedt.

Ils n'osaient pas s'arrêter : chaque pause risquait de provoquer un effondrement mortel.

Nem mertek megállni – minden szünet halálos összeomlást kockáztatott.

Un jour, le traîneau s'est brisé, entraînant Dave et Buck à l'intérieur.

Egyszer a szán áttört, és magával rántotta Dave-et és Buckot.

Au moment où ils ont été libérés, tous deux étaient presque gelés.

Mire kiszabadították őket, mindketten majdnem megfagytak.

Les hommes ont rapidement allumé un feu pour garder Buck et Dave en vie.

A férfiak gyorsan tüzet raktak, hogy életben tartsák Buckot és Dave-et.

Les chiens étaient recouverts de glace du nez à la queue, raides comme du bois sculpté.
A kutyákat orruktól farkukig jég borította, olyan merevek voltak, mint a faragott fa.

Les hommes les faisaient courir en rond près du feu pour décongeler leurs corps.
A férfiak körbe-körbe futtatták őket a tűz közelében, hogy felolvasztsák a testüket.

Ils se sont approchés si près des flammes que leur fourrure a été brûlée.
Olyan közel kerültek a lángokhoz, hogy a bundájuk megpörkölődött.

Spitz a ensuite brisé la glace, entraînant l'équipe derrière lui.
Spitz törte át legközelebb a jeget, maga után vonszolva a csapatot.

La cassure s'est étendue jusqu'à l'endroit où Buck tirait.
A törés egészen odáig ért, ahol Buck húzta.

Buck se pencha en arrière, ses pattes glissant et tremblant sur le bord.
Buck erősen hátradőlt, mancsai megcsúsztak és remegtek a szélén.

Dave a également tendu vers l'arrière, juste derrière Buck sur la ligne.
Dave is hátrafeszítette a labdát, közvetlenül Buck mögött a vonalon.

François tirait sur le traîneau, ses muscles craquant sous l'effort.
François húzta a szánt, izmai ropogtak az erőfeszítéstől.

Une autre fois, la glace du bord s'est fissurée devant et derrière le traîneau.
Egy másik alkalommal a peremjég megrepedt a szánkó előtt és mögött.

Ils n'avaient d'autre issue que d'escalader une paroi rocheuse gelée.
Nem volt más kiútjuk, mint megmászni egy befagyott sziklafalat.

Perrault a réussi à escalader le mur, mais un miracle l'a maintenu en vie.

Perrault valahogyan átmászott a falon; egy csoda tartotta életben.

François resta en bas, priant pour avoir le même genre de chance.

François lent maradt, és hasonló szerencséért imádkozott.

Ils ont attaché chaque sangle, chaque amarrage et chaque traçage en une seule longue corde.

Minden szíjat, rögzítőelemet és vezetőszárat egyetlen hosszú kötéllé kötöttek.

Les hommes ont hissé chaque chien, un par un, jusqu'au sommet.

A férfiak egyesével húzták fel a kutyákat a tetejére.

François est monté en dernier, après le traîneau et toute la charge.

François mászott fel utoljára, a szánkó és az egész rakomány után.

Commença alors une longue recherche d'un chemin pour descendre des falaises.

Aztán hosszas keresés kezdődött egy ösvény után, ami levezet a sziklákról.

Ils sont finalement descendus en utilisant la même corde qu'ils avaient fabriquée.

Végül ugyanazzal a kötéllel ereszkedtek le, amit maguk készítettek.

La nuit tombait alors qu'ils retournaient au lit de la rivière, épuisés et endoloris.

Leszállt az éj, mire kimerülten és fájdalmasan visszatértek a folyómederbe.

La journée entière ne leur avait permis de gagner qu'un quart de mile.

Az egész nap mindössze negyed mérföldnyi előnyt hozott nekik.

Au moment où ils atteignirent le Hootalinqua, Buck était épuisé.

Mire elérték a Hootalinquát, Buck teljesen kimerült volt.

Les autres chiens ont tout autant souffert des conditions du sentier.

A többi kutya ugyanúgy szenvedett az ösvényviszonyoktól.

Mais Perrault avait besoin de récupérer du temps et les poussait chaque jour.

De Perraultnak időt kellett nyernie, ezért minden nap hajtotta őket.

Le premier jour, ils ont parcouru trente miles jusqu'à Big Salmon.

Az első napon harminc mérföldet utaztak Big Salmonba.

Le lendemain, ils parcoururent trente-cinq milles jusqu'à Little Salmon.

Másnap harmincöt mérföldet utaztak Little Salmonba.

Le troisième jour, ils ont parcouru quarante longs kilomètres gelés.

A harmadik napon negyven hosszú, fagyott mérföldet nyomtak át.

À ce moment-là, ils approchaient de la colonie de Five Fingers.

Addigra már közeledtek Öt Ujj településhez.

Les pieds de Buck étaient plus doux que les pieds durs des huskies indigènes.

Buck lábai puhábbak voltak, mint a bennszülött huskyk kemény lábai.

Ses pattes étaient devenues plus fragiles au fil des générations civilisées.

Mancsai sok civilizált generáció alatt érzékennyé váltak.

Il y a longtemps, ses ancêtres avaient été apprivoisés par des hommes de la rivière ou des chasseurs.

Réges-régen folyami emberek vagy vadászok szelídítették meg őseit.

Chaque jour, Buck boitait de douleur, marchant sur des pattes à vif et douloureuses.

Buck minden nap fájdalmasan sántított, sebes, sajgó mancsain járt.

Au camp, Buck tomba comme une forme sans vie sur la neige.

A táborban Buck élettelen alakként zuhant a hóba.

Bien qu'affamé, Buck ne s'est pas levé pour manger son repas du soir.

Bár Buck éhes volt, mégsem kelt fel, hogy megegye a vacsoráját.

François apporta sa ration à Buck, en déposant du poisson près de son museau.

François odahozta Bucknak az adagját, miközben a halakat az orránál fogva tolta.

Chaque nuit, le chauffeur frottait les pieds de Buck pendant une demi-heure.

A sofőr minden este fél órán át dörzsölgette Buck lábát.

François a même découpé ses propres mocassins pour en faire des chaussures pour chiens.

François még a saját mokaszinjait is felszabdalta, hogy kutyalábbelit készítsen belőle.

Quatre chaussures chaudes ont apporté à Buck un grand et bienvenu soulagement.

Négy meleg cipő nagy és üdvözlendő megkönnyebbülést hozott Bucknak.

Un matin, François oublia ses chaussures et Buck refusa de se lever.

Egyik reggel François elfelejtette a cipőket, és Buck nem volt hajlandó felkelni.

Buck était allongé sur le dos, les pieds en l'air, les agitant pitoyablement.

Buck a hátán feküdt, lábait a levegőbe emelve, és szánalmasan hadonászott velük.

Même Perrault sourit à la vue de l'appel dramatique de Buck.

Még Perrault is elvigyorodott Buck drámai könyörgése láttán.

Bientôt, les pieds de Buck devinrent durs et les chaussures purent être jetées.

Buck lábai hamarosan megkeményedtek, és a cipőket el lehetett dobni.

À Pelly, pendant le temps du harnais, Dolly laissait échapper un hurlement épouvantable.

Pellynél, hámozás közben Dolly rettenetes vonyítást hallatott.

Le cri était long et rempli de folie, secouant chaque chien.

A kiáltás hosszú volt és őrülettel teli, minden kutyát megremegtetett.

Chaque chien se hérissait de peur sans en connaître la raison.

Minden kutya félelmében felborzolta a dühét, anélkül, hogy tudta volna az okát.

Dolly était devenue folle et s'était jetée directement sur Buck.

Dolly megőrült, és egyenesen Buckra vetette magát.

Buck n'avait jamais vu la folie, mais l'horreur remplissait son cœur.

Buck még soha nem látott őrültséget, de a szívét betöltötte a rémület.

Sans réfléchir, il se retourna et s'enfuit, complètement paniqué.

Gondolkodás nélkül megfordult és teljes pánikban elmenekült.

Dolly le poursuivit, les yeux fous, la salive s'échappant de ses mâchoires.

Dolly üldözőbe vette, tekintete vad volt, szájából folyt a nyál.

Elle est restée juste derrière Buck, sans jamais gagner ni reculer.

Közvetlenül Buck mögött maradt, soha nem előzte meg, és soha nem hátrált meg.

Buck courut à travers les bois, le long de l'île, sur de la glace déchiquetée.

Buck erdőn át futott, le a szigeten, át a csipkézett jégen.

Il traversa vers une île, puis une autre, revenant vers la rivière.

Átkelt egy szigetre, majd egy másikra, és visszakerült a folyóhoz.

Dolly le poursuivait toujours, son grognement le suivant de près à chaque pas.

Dolly továbbra is üldözte, minden lépésnél morgással a nyomában.

Buck pouvait entendre son souffle et sa rage, même s'il n'osait pas regarder en arrière.

Buck hallotta a lélegzetét és a dühét, bár nem mert hátranézni.

François cria de loin, et Buck se tourna vers la voix.

François messziről kiáltotta, mire Buck a hang felé fordult.

Encore à bout de souffle, Buck courut, plaçant tout espoir en François.

Buck, még mindig levegőért kapkodva, elfutott mellettük, minden reményét François-ba vetve.

Le conducteur du chien leva une hache et attendit que Buck passe à toute vitesse.

A kutyahajcsár felemelte a fejszéjét, és megvárta, amíg Buck elrepült mellette.

La hache s'abattit rapidement et frappa la tête de Dolly avec une force mortelle.

A fejsze gyorsan lecsapott, és halálos erővel csapódott Dolly fejébe.

Buck s'est effondré près du traîneau, essoufflé et incapable de bouger.

Buck a szán közelében rogyott össze, zihálva és mozdulni sem tudott.

Ce moment a donné à Spitz l'occasion de frapper un ennemi épuisé.

Ez a pillanat lehetőséget adott Spitznek, hogy lecsapjon a kimerült ellenfélre.

Il a mordu Buck à deux reprises, déchirant la chair jusqu'à l'os blanc.

Kétszer megharapta Buckot, a húsát egészen a fehér csontig feltépve.

Le fouet de François claqua, frappant Spitz avec toute sa force et sa fureur.

François ostora csattant, teljes, dühös erővel csapva le Spitzre.

Buck regarda avec joie Spitz recevoir sa raclée la plus dure jusqu'à présent.

Buck örömmel nézte, ahogy Spitz élete eddigi legkeményebb verését kapja.

« C'est un diable, ce Spitz », murmura sombrement Perrault pour lui-même.

„Egy ördög ez a Spitz" – motyogta Perrault komoran magában.

« Un jour prochain, ce maudit chien tuera Buck, je le jure. »

„Hamarosan az az átkozott kutya megöli Buckot – esküszöm."

« Ce Buck a deux démons en lui », répondit François en hochant la tête.

– Két ördög lakozik abban a Buckban – felelte François bólogatva.

« Quand je regarde Buck, je sais que quelque chose de féroce l'attend. »

„Amikor Buckot nézem, tudom, hogy valami vadság vár rá."

« Un jour, il deviendra fou comme le feu et mettra Spitz en pièces. »

„Egy nap úgy megőrül, mint a tűz, és darabokra tépi Spitzet."

« Il va mâcher ce chien et le recracher sur la neige gelée. »

„Összerágja azt a kutyát, és a fagyott hóra köpi."

« Bien sûr que non, je le sais au plus profond de moi. »

„Biztosan tudom ezt a csontjaim mélyén."

À partir de ce moment-là, les deux chiens étaient engagés dans une guerre.

Attól a pillanattól kezdve a két kutya háborúban állt.

Spitz a dirigé l'équipe et a conservé le pouvoir, mais Buck a contesté cela.

Spitz vezette a csapatot és birtokolta a hatalmat, de Buck ezt megkérdőjelezte.

Spitz a vu son rang menacé par cet étrange étranger du Sud.

Spitz rangját fenyegetve látta ezt a különös délvidéki idegent.

Buck ne ressemblait à aucun autre chien du sud que Spitz avait connu auparavant.

Buck minden déli kutyától különbözött, amit Spitz korábban ismert.

La plupart d'entre eux ont échoué, trop faibles pour survivre au froid et à la faim.

Legtöbbjük kudarcot vallott – túl gyengék voltak ahhoz, hogy túléljék a hideget és az éhséget.

Ils sont morts rapidement à cause du travail, du gel et de la lenteur de la famine.

Gyorsan haltak a munka, a fagy és az éhínség lassú pusztítása alatt.

Buck se démarquait : plus fort, plus intelligent et plus sauvage chaque jour.

Buck kitűnt a tömegből – napról napra erősebb, okosabb és vadabb lett.

Il a prospéré dans les difficultés, grandissant jusqu'à égaler les huskies du Nord.

A nehézségeken is boldogult, és egyre jobban felnőve versenyre kelhetett az északi huskykkal.

Buck avait de la force, une habileté sauvage et un instinct patient et mortel.

Bucknak ereje, vad ügyessége és türelmes, halálos ösztöne volt.

L'homme avec la massue avait fait perdre à Buck toute témérité.

A bunkós férfi kiverte Buckból a meggondolatlanságot.

La fureur aveugle avait disparu, remplacée par une ruse silencieuse et un contrôle.

A vak düh eltűnt, helyét csendes ravaszság és önuralom vette át.

Il attendait, calme et primitif, guettant le bon moment.

Várt, nyugodtan és őszintén, a megfelelő pillanatot keresve.

Leur lutte pour le commandement est devenue inévitable et claire.

A parancsnokságért folytatott harcuk elkerülhetetlenné és egyértelművé vált.

Buck désirait être un leader parce que son esprit l'exigeait.

Buck vezetésre vágyott, mert a lelke ezt követelte.

Il était poussé par l'étrange fierté née du sentier et du harnais.

Az ösvény és a hám szülte különös büszkeség hajtotta.

Cette fierté a poussé les chiens à tirer jusqu'à ce qu'ils s'effondrent sur la neige.

Ez a büszkeség arra késztette a kutyákat, hogy addig húzzák őket, amíg össze nem rogytak a hóban.

L'orgueil les a poussés à donner toute la force qu'ils avaient.

A büszkeség arra csábította őket, hogy minden erejüket beleadják.

L'orgueil peut attirer un chien de traîneau jusqu'à la mort.

A büszkeség akár a haláláig is elcsábíthat egy szánhúzó kutyát.

La perte du harnais a laissé les chiens brisés et sans but.

A hám elvesztése miatt a kutyák összetörtek és céltalanok voltak.

Le cœur d'un chien de traîneau peut être brisé par la honte lorsqu'il prend sa retraite.

Egy szánhúzó kutya szívét összetörheti a szégyen, amikor nyugdíjba vonul.

Dave vivait avec cette fierté alors qu'il tirait le traîneau par derrière.

Dave ezt a büszkeséget vallotta, miközben maga mögött húzta a szánt.

Solleks, lui aussi, a tout donné avec une force et une loyauté redoutables.

Solleks is mindent beleadott komor erővel és hűséggel.

Chaque matin, l'orgueil les faisait passer de l'amertume à la détermination.

A büszkeség minden reggel keserűségből eltökéltséggé változtatta őket.

Ils ont poussé toute la journée, puis sont restés silencieux à la fin du camp.

Egész nap nyomultak, aztán a tábor végében elcsendesedtek.

Cette fierté a donné à Spitz la force de battre les tire-au-flanc.

Ez a büszkeség erőt adott Spitznek ahhoz, hogy rendbe tegye a lustálkodókat.

Spitz craignait Buck parce que Buck portait cette même fierté profonde.

Spitz félt Bucktól, mert Buckban is ott volt ez a mély büszkeség.

L'orgueil de Buck s'est alors retourné contre Spitz, et il ne s'est pas arrêté.

Buck büszkesége most Spitz ellen fordult, és nem állt meg.

Buck a défié le pouvoir de Spitz et l'a empêché de punir les chiens.

Buck dacolt Spitz hatalmával, és megakadályozta, hogy kutyákat büntessen.

Lorsque les autres échouaient, Buck s'interposait entre eux et leur chef.

Amikor mások kudarcot vallottak, Buck közéjük és vezetőjük közé lépett.

Il l'a fait intentionnellement, en rendant son défi ouvert et clair.

Szándékosan tette ezt, nyíltan és világosan fogalmazva meg a kihívást.

Une nuit, une forte neige a recouvert le monde d'un profond silence.

Egyik éjjel sűrű hó borította be a világot mély csenddel.

Le lendemain matin, Pike, paresseux comme toujours, ne se leva pas pour aller travailler.

Másnap reggel Pike, aki továbbra is lustán viselkedett, nem kelt fel dolgozni.

Il est resté caché dans son nid sous une épaisse couche de neige.

A fészkében rejtőzött egy vastag hóréteg alatt.

François a appelé et cherché, mais n'a pas pu trouver le chien.

François kiáltott és kereste a kutyát, de nem találta.

Spitz devint furieux et se précipita à travers le camp couvert de neige.

Spitz dühbe gurult, és áttört a hófödte táboron.

Il grogna et renifla, creusant frénétiquement avec des yeux flamboyants.

Morgott és szimatolt, lángoló szemekkel, őrülten ásott.

Sa rage était si féroce que Pike tremblait sous la neige de peur.

Olyan vad volt a dühe, hogy Pike félelmében reszketett a hó alatt.

Lorsque Pike fut finalement retrouvé, Spitz se précipita pour punir le chien qui se cachait.

Amikor Pike-ot végre megtalálták, Spitz előrerontott, hogy megbüntesse a bujkáló kutyát.

Mais Buck s'est précipité entre eux avec une fureur égale à celle de Spitz.

De Buck Spitzéhez hasonló dühvel ugrott közéjük.

L'attaque fut si soudaine et intelligente que Spitz tomba.

A támadás olyan hirtelen és okos volt, hogy Spitz a lábáról leesett.

Pike, qui tremblait, puisa du courage dans ce défi.

Pike, aki eddig reszketett, bátorságot merített ebből a dacból.

Il sauta sur le Spitz tombé, suivant l'exemple audacieux de Buck.

Ráugrott a földön fekvő Spitzre, Buck merész példáját követve.

Buck, n'étant plus tenu par l'équité, a rejoint la grève contre Spitz.

Buck, akit már nem kötött a tisztesség, csatlakozott a Spitz elleni sztrájkhoz.

François, amusé mais ferme dans sa discipline, balançait son lourd fouet.

François, szórakozottan, mégis fegyelmezetten, lesújtott nehéz korbácsával.

Il frappa Buck de toutes ses forces pour mettre fin au combat.

Teljes erejével Buckra ütött, hogy véget vessen a küzdelemnek.

Buck a refusé de bouger et est resté au sommet du chef tombé.

Buck nem volt hajlandó megmozdulni, és a ledőlt vezető tetején maradt.

François a ensuite utilisé le manche du fouet, frappant Buck durement.

François ezután az ostor nyelével keményen megütötte Buckot.

Titubant sous le coup, Buck recula sous l'assaut.

Buck megtántorodott az ütéstől, és hátraesett a roham alatt.

François frappait encore et encore tandis que Spitz punissait Pike.

François újra és újra ütött, miközben Spitz megbüntette Pike-ot.

Les jours passèrent et Dawson City se rapprocha de plus en plus.

Teltek a napok, és Dawson City egyre közelebb ért.

Buck n'arrêtait pas d'intervenir, se glissant entre le Spitz et les autres chiens.

Buck folyton közbeszólt, Spitz és más kutyák közé osonva.

Il choisissait bien ses moments, attendant toujours que François parte.

Jól választotta meg a pillanatait, mindig megvárta, míg François elmegy.

La rébellion silencieuse de Buck s'est propagée et le désordre a pris racine dans l'équipe.

Buck csendes lázadása elterjedt, és a csapatban rendetlenség vert gyökeret.

Dave et Solleks sont restés fidèles, mais d'autres sont devenus indisciplinés.

Dave és Solleks hűségesek maradtak, de mások engedetlenné váltak.

L'équipe est devenue de plus en plus agitée, querelleuse et hors de propos.

A csapat egyre rosszabb lett – nyugtalanok, veszekedősek és kilógtak a sorból.

Plus rien ne fonctionnait correctement et les bagarres devenaient courantes.

Semmi sem működött többé simán, és a verekedések mindennapossá váltak.

Buck est resté au cœur des troubles, provoquant toujours des troubles.

Buck a bajok középpontjában maradt, mindig nyugtalanságot szítva.

François restait vigilant, effrayé par le combat entre Buck et Spitz.

François éber maradt, félt Buck és Spitz verekedésétől.

Chaque nuit, des bagarres le réveillaient, craignant que le commencement n'arrive enfin.

Minden éjjel dulakodás ébresztette fel, attól tartva, hogy végre elérkezik a kezdet.

Il sauta de sa robe, prêt à mettre fin au combat.

Leugrott a köntöséből, készen arra, hogy megszakítsa a harcot.

Mais le moment n'arriva jamais et ils atteignirent finalement Dawson.

De a pillanat sosem jött el, és végre megérkeztek Dawsonba.

L'équipe est entrée dans la ville un après-midi sombre, tendu et calme.

A csapat egy komor délutánon érkezett a városba, feszülten és csendesen.

La grande bataille pour le leadership était encore en suspens dans l'air glacial.

A vezetésért folytatott nagy csata még mindig a fagyos levegőben lógott.

Dawson était rempli d'hommes et de chiens de traîneau, tous occupés à travailler.

Dawson tele volt férfiakkal és szánhúzó kutyákkal, akik mind munkával voltak elfoglalva.

Buck regardait les chiens tirer des charges du matin au soir.

Buck reggeltől estig nézte, ahogy a kutyák húzzák a terheket.

Ils transportaient des bûches et du bois de chauffage et acheminaient des fournitures vers les mines.

Rönköt és tűzifát szállítottak, ellátmányt szállítottak a bányákba.

Là où les chevaux travaillaient autrefois dans le Southland, les chiens travaillent désormais.

Ahol egykor lovak dolgoztak Délvidéken, ma kutyák fáradoznak.

Buck a vu quelques chiens du Sud, mais la plupart étaient des huskies ressemblant à des loups.

Buck látott néhány délről származó kutyát, de a legtöbbjük farkasszerű husky volt.

La nuit, comme une horloge, les chiens élevaient la voix pour chanter.

Éjszaka, mint óramű, a kutyák felemelték a hangjukat dalra fakadva.

À neuf heures, à minuit et à nouveau à trois heures, les chants ont commencé.

Kilenckor, éjfélkor, majd ismét háromkor elkezdődött az éneklés.

Buck aimait se joindre à leur chant étrange, au son sauvage et ancien.

Buck imádott csatlakozni a hátborzongató, vad és ősi hangzású kántáláshoz.

Les aurores boréales flamboyaient, les étoiles dansaient et la neige recouvrait le pays.

Az aurora lángolt, a csillagok táncoltak, és hó borította a földet.

Le chant des chiens s'éleva comme un cri contre le silence et le froid glacial.

A kutyák dala kiáltásként harsant fel a csend és a keserves hideg ellen.

Mais leur hurlement contenait de la tristesse, et non du défi, dans chaque longue note.

De üvöltésük minden hosszú hangjában szomorúság, nem pedig dac volt.

Chaque cri plaintif était plein de supplications, le fardeau de la vie elle-même.

Minden jajgató kiáltás könyörgésből állt; magából az élet terhéből.

Cette chanson était vieille, plus vieille que les villes et plus vieille que les incendies.

Az a dal régi volt – régebbi, mint a városok, és régebbi, mint a tüzek

Cette chanson était encore plus ancienne que les voix des hommes.

Az a dal még az emberi hangoknál is ősibb volt.

C'était une chanson du monde des jeunes, quand toutes les chansons étaient tristes.

Egy dal volt a fiatal világból, amikor minden dal szomorú volt.

La chanson portait la tristesse d'innombrables générations de chiens.

A dal számtalan kutyageneráció bánatát hordozta magában.

Buck ressentait profondément la mélodie, gémissant de douleur enracinée dans les âges.

Buck mélyen érezte a dallamot, a korokba gyökerező fájdalomtól nyögött.

Il sanglotait d'un chagrin aussi vieux que le sang sauvage dans ses veines.

Olyan bánattól zokogott, amely olyan régi volt, mint az ereiben csörgedező vér.

Le froid, l'obscurité et le mystère ont touché l'âme de Buck.

A hideg, a sötétség és a rejtély megérintette Buck lelkét.

Cette chanson prouvait à quel point Buck était revenu à ses origines.

Ez a dal bizonyította, mennyire visszatért Buck a gyökereihez.

À travers la neige et les hurlements, il avait trouvé le début de sa propre vie.

Hóesésben és üvöltésben találta meg saját élete kezdetét.

Sept jours après leur arrivée à Dawson, ils repartent.

Hét nappal Dawsonba érkezésük után ismét útra keltek.

L'équipe est descendue de la caserne jusqu'au sentier du Yukon.

A csapat a laktanyából leugrott a Yukon ösvényre.

Ils ont commencé le voyage de retour vers Dyea et Salt Water.

Megkezdték útjukat vissza Dyea és Sósvíz felé.

Perrault portait des dépêches encore plus urgentes qu'auparavant.

Perrault még sürgősebb szállítmányokat szállított, mint korábban.

Il était également saisi par la fierté du sentier et avait pour objectif d'établir un record.

Emellett elfogta a túraösvényekre való odafigyelés, és rekordot akart felállítani.

Cette fois, plusieurs avantages étaient du côté de Perrault.

Ezúttal számos előny Perrault oldalán állt.

Les chiens s'étaient reposés pendant une semaine entière et avaient repris des forces.

A kutyák egy teljes hetet pihentek és visszanyerték erejüket.

Le sentier qu'ils avaient ouvert était maintenant damé par d'autres.

Az általuk kitaposott ösvényt most mások tömörítették keményre.

À certains endroits, la police avait stocké de la nourriture pour les chiens et les hommes.

Helyenként a rendőrök kutyáknak és férfiaknak egyaránt tároltak élelmet.

Perrault voyageait léger, se déplaçait rapidement et n'avait pas grand-chose pour l'alourdir.

Perrault könnyen utazott, gyorsan mozgott, kevés teher nehezedett rá.

Ils ont atteint Sixty-Mile, une course de cinquante milles, dès la première nuit.

Az első éjszakára elérték a Hatvan Mérföldet, egy ötven mérföldes futást.

Le deuxième jour, ils se sont précipités sur le Yukon en direction de Pelly.

A második napon rohantak felfelé a Yukonon Pelly felé.

Mais ces beaux progrès ont été accompagnés de beaucoup de difficultés pour François.

De ez a szép előrehaladás nagy megterheléssel járt François számára.

La rébellion silencieuse de Buck avait brisé la discipline de l'équipe.

Buck csendes lázadása megrengette a csapat fegyelmét.

Ils ne se rassemblaient plus comme une seule bête dans les rênes.

Már nem húzódtak össze, mint egy fenevad a gyeplőben.

Buck avait conduit d'autres personnes à la défiance par son exemple audacieux.

Buck merész példájával másokat is dacolásra késztetett.

L'ordre de Spitz n'a plus été accueilli avec crainte ou respect.

Spitz parancsát már nem fogadták félelemmel vagy tisztelettel.

Les autres ont perdu leur respect pour lui et ont osé résister à son règne.

A többiek elvesztették iránta való félelmüket, és szembe mertek szállni az uralmával.

Une nuit, Pike a volé la moitié d'un poisson et l'a mangé sous les yeux de Buck.

Egyik este Pike ellopott egy fél halat, és Buck szeme láttára megette.

Une autre nuit, Dub et Joe se sont battus contre Spitz et sont restés impunis.

Egy másik este Dub és Joe megküzdöttek Spitz-cel, és büntetlenül maradtak.

Même Billee gémissait moins doucement et montrait une nouvelle vivacité.

Még Billee is kevésbé édesen nyafogott, és új élességet mutatott.

Buck grognait sur Spitz à chaque fois qu'ils se croisaient.

Buck minden alkalommal Spitzre vicsorgott, valahányszor keresztezték egymás útját.

L'attitude de Buck devint audacieuse et menaçante, presque comme celle d'un tyran.

Buck viselkedése merész és fenyegető lett, szinte zsarnoki.

Il marchait devant Spitz avec une démarche assurée, pleine de menace moqueuse.

Hencegve, gúnyos fenyegetéssel járkált Spitz előtt.

Cet effondrement de l'ordre s'est également propagé parmi les chiens de traîneau.

A rend felbomlása a szánhúzó kutyák között is elterjedt.

Ils se battaient et se disputaient plus que jamais, remplissant le camp de bruit.

Többet veszekedtek és vitatkoztak, mint valaha, zajongással töltve meg a tábort.

La vie au camp se transformait chaque nuit en un chaos sauvage et hurlant.

A tábori élet minden este vad, üvöltő káoszba fordult.

Seuls Dave et Solleks sont restés stables et concentrés.

Csak Dave és Solleks maradtak nyugodtak és koncentráltak.

Mais même eux sont devenus colériques à cause des bagarres incessantes.

De még ők is dühösek lettek az állandó verekedésektől.

François jurait dans des langues étranges et piétinait de frustration.

François furcsa nyelveken káromkodott és dühösen toporgott.

Il s'arrachait les cheveux et criait tandis que la neige volait sous ses pieds.

A haját tépte és kiabált, miközben a hó repült a lába alatt.

Son fouet claqua sur le groupe, mais parvint à peine à les maintenir en ligne.

Ostorával átcsapott a csapat, de alig tartotta őket egy vonalban.

Chaque fois qu'il tournait le dos, les combats reprenaient.

Valahányszor hátat fordított, újra kitört a harc.

François a utilisé le fouet pour Spitz, tandis que Buck a dirigé les rebelles.

François korbácsütést mért Spitzre, míg Buck vezette a lázadókat.

Chacun connaissait le rôle de l'autre, mais Buck évitait tout blâme.

Mindketten tudták a másik szerepét, de Buck kerülte a hibáztatást.

François n'a jamais surpris Buck en train de provoquer une bagarre ou de se dérober à son travail.

François soha nem kapta rajta Buckot verekedés kezdeményezésén vagy a munkájának elhanyagolásán.

Buck travaillait dur sous le harnais – le travail lui faisait désormais vibrer l'esprit.

Buck keményen dolgozott hámban – a fáradság most már a lelkét is felpezsdítette.

Mais il trouvait encore plus de joie à provoquer des bagarres et du chaos dans le camp.

De még nagyobb örömet talált a táborban zajló verekedések és káosz szításában.

Un soir, à l'embouchure du Tahkeena, Dub fit sursauter un lapin.

Egyik este a Tahkeena torkolatánál Dub megijesztett egy nyulat.

Il a raté la prise et le lièvre d'Amérique s'est enfui.

Elvétette a fogást, és a hótalpas nyúl elszaladt.

En quelques secondes, toute l'équipe de traîneau s'est lancée à sa poursuite en poussant des cris sauvages.

Másodperceken belül az egész szánkócsapat vad kiáltásokkal üldözőbe vette őket.

À proximité, un camp de la police du Nord-Ouest abritait une cinquantaine de chiens huskys.

A közelben egy északnyugati rendőrségi tábor ötven husky kutyát tartott fenn.

Ils se sont joints à la chasse, descendant ensemble la rivière gelée.

Csatlakoztak a vadászathoz, együtt hömpölyögtek lefelé a befagyott folyón.

Le lapin a quitté la rivière et s'est enfui dans le lit d'un ruisseau gelé.

A nyúl letért a folyóról, és egy befagyott patakmederben menekült felfelé.

Le lapin sautait légèrement sur la neige tandis que les chiens peinaient à se frayer un chemin.

A nyúl könnyedén szökdécselt a havon, miközben a kutyák küzdöttek vele.

Buck menait l'énorme meute de soixante chiens dans chaque virage sinueux.

Buck a hatvan kutyából álló hatalmas csapatot minden kanyarban körbevezette.

Il avança, bas et impatient, mais ne put gagner du terrain.

Alacsonyan és lelkesen nyomult előre, de nem tudott előrébb jutni.

Son corps brillait sous la lune pâle à chaque saut puissant.

Teste minden erőteljes ugrásnál megcsillant a sápadt holdfényben.

Devant, le lapin se déplaçait comme un fantôme, silencieux et trop rapide pour être attrapé.

Előttük a nyúl szellemként mozgott, hangtalanul és túl gyorsan ahhoz, hogy elkapják.

Tous ces vieux instincts – la faim, le frisson – envahirent Buck.

Azok a régi ösztönök – az éhség, az izgalom – végigsöpörtek Buckon.

Les humains ressentent parfois cet instinct et sont poussés à chasser avec une arme à feu et des balles.

Az emberek időnként érzik ezt az ösztönt, és fegyverrel, golyóval vadásznak.

Mais Buck ressentait ce sentiment à un niveau plus profond et plus personnel.

De Buck ezt az érzést mélyebb és személyesebb szinten érezte.

Ils ne pouvaient pas ressentir la nature sauvage dans leur sang comme Buck pouvait la ressentir.

Nem érezték a vadságot a vérükben úgy, ahogy Buck érezte.

Il chassait la viande vivante, prêt à tuer avec ses dents et à goûter le sang.

Élő húst kergetett, készen arra, hogy fogaival öljön és vért kóstoljon.

Son corps se tendait de joie, voulant se baigner dans la vie rouge et chaude.

Teste örömtől feszült, meleg, vörös életben akart fürödni.

Une joie étrange marque le point le plus élevé que la vie puisse atteindre.

Egy különös öröm jelzi az élet legmagasabb pontját.

La sensation d'un pic où les vivants oublient même qu'ils sont en vie.

Egy olyan csúcs érzése, ahol az élők elfelejtik, hogy egyáltalán élnek.

Cette joie profonde touche l'artiste perdu dans une inspiration fulgurante.

Ez a mély öröm megérinti a lángoló ihletben elveszett művészt.

Cette joie saisit le soldat qui se bat avec acharnement et n'épargne aucun ennemi.

Ez az öröm elfogja a katonát, aki vadul harcol és nem kíméli az ellenséget.

Cette joie s'empara alors de Buck alors qu'il menait la meute dans une faim primitive.

Ez az öröm most Buckot ragadta magával, miközben ősi éhséggel vezette a falkát.

Il hurla avec le cri ancien du loup, ravi par la chasse vivante.

Az ősi farkaskiáltással vonyított, izgatottan az élő üldözéstől.

Buck a puisé dans la partie la plus ancienne de lui-même, perdue dans la nature.

Buck önmaga legősibb részét fedezte fel, elveszve a vadonban.

Il a puisé au plus profond de lui-même, au-delà de la mémoire, dans le temps brut et ancien.

Mélyen belülre nyúlt, az emlékeken túlra, a nyers, ősi időbe.

Une vague de vie pure a traversé chaque muscle et chaque tendon.

A tiszta élet hulláma áradt szét minden izmában és ínjában.

Chaque saut criait qu'il vivait, qu'il traversait la mort.

Minden ugrás azt üzente, hogy él, hogy átjutott a halálon.

Son corps s'élevait joyeusement au-dessus d'une terre calme et froide qui ne bougeait jamais.

Teste vidáman szállt a mozdulatlan, hideg, meg sem rezdült föld felett.

Spitz est resté froid et rusé, même dans ses moments les plus fous.

Spitz még a legvadabb pillanataiban is hideg és ravasz maradt.

Il quitta le sentier et traversa un terrain où le ruisseau formait une large courbe.

Letért az ösvényről, és átkelt egy olyan területen, ahol a patak szélesre kanyarodott.

Buck, inconscient de cela, resta sur le chemin sinueux du lapin.

Buck, mit sem sejtve erről, a nyúl kanyargós ösvényén maradt.

Puis, alors que Buck tournait un virage, le lapin fantomatique était devant lui.

Aztán, ahogy Buck befordult egy kanyarban, a szellemszerű nyúl ott termett előtte.

Il vit une deuxième silhouette sauter de la berge devant la proie.

Látta, hogy egy második alak ugrik le a partról, megelőzve a zsákmányt.

La silhouette était celle d'un Spitz, atterrissant juste sur le chemin du lapin en fuite.

Az alak Spitz volt, aki pont a menekülő nyúl útjába landolt.

Le lapin ne pouvait pas se retourner et a rencontré les mâchoires de Spitz en plein vol.

A nyúl nem tudott megfordulni, és a levegőben Spitz állkapcsába ütközött.

La colonne vertébrale du lapin se brisa avec un cri aussi aigu que le cri d'un humain mourant.

A nyúl gerince egy haldokló ember kiáltásához hasonló éles sikoly kíséretében eltört.

À ce bruit – la chute de la vie à la mort – la meute hurla fort.

Arra a hangra – az életből a halálba zuhanásra – a falka hangosan felüvöltött.

Un chœur sauvage s'éleva derrière Buck, plein de joie sombre.

Egy vad kórus emelkedett fel Buck mögött, tele sötét gyönyörűséggel.

Buck n'a émis aucun cri, aucun son, et a chargé directement Spitz.

Buck nem kiáltott, egyetlen hangot sem adott ki, egyenesen Spitznek rohant.

Il a visé la gorge, mais a touché l'épaule à la place.

A torkot célozta meg, de ehelyett a vállát találta el.

Ils dégringolèrent dans la neige molle, leurs corps bloqués dans le combat.

Puha hóban bukfenceztek; testük harcba merült.

Spitz se releva rapidement, comme s'il n'avait jamais été renversé.

Spitz gyorsan felugrott, mintha soha nem is döngölték volna le.

Il a entaillé l'épaule de Buck, puis s'est éloigné du combat.

Megvágta Buck vállát, majd kiugrott a küzdelemből.

À deux reprises, ses dents claquèrent comme des pièges en acier, ses lèvres se retroussèrent et devinrent féroces.

Kétszer is csattant a foga, mint az acélcsapda, ajkai vadra húzódtak.

Il recula lentement, cherchant un sol ferme sous ses pieds.

Lassan hátrált, szilárd talajt keresve a lába alatt.

Buck a compris le moment instantanément et pleinement.

Buck azonnal és teljesen megértette a pillanatot.

Le moment était venu ; le combat allait être un combat à mort.

Elérkezett az idő; a harc élet-halál harc lesz.

Les deux chiens tournaient en rond, grognant, les oreilles plates, les yeux plissés.

A két kutya morogva, lelapult fülekkel, összeszűkült szemekkel körözött.

Chaque chien attendait que l'autre montre une faiblesse ou fasse un faux pas.

Mindegyik kutya arra várt, hogy a másik gyengeséget vagy hibát mutasson.

Pour Buck, la scène semblait étrangement connue et profondément ancrée dans ses souvenirs.

Buck számára a jelenet hátborzongatóan ismerősnek és mélyen emlékezetesnek tűnt.

Les bois blancs, la terre froide, la bataille au clair de lune.

A fehér erdők, a hideg föld, a holdfényben vívott csata.

Un silence pesant emplissait le pays, profond et contre nature.

Nehéz csend töltötte be a tájat, mély és természetellenes csend.

Aucun vent ne soufflait, aucune feuille ne bougeait, aucun bruit ne brisait le silence.

Szél sem rezdült, levél sem mozdult, hang sem törte meg a csendet.

Le souffle des chiens s'élevait comme de la fumée dans l'air glacial et calme.

A kutyák lehelete füstként emelkedett a fagyos, csendes levegőben.

Le lapin a été depuis longtemps oublié par la meute de bêtes sauvages.

A nyulat rég elfelejtette a vadállatok falkája.

Ces loups à moitié apprivoisés se tenaient maintenant immobiles dans un large cercle.

Ezek a félig megszelídített farkasok most mozdulatlanul álltak széles körben.

Ils étaient silencieux, seuls leurs yeux brillants révélaient leur faim.

Csendben voltak, csak izzó szemük árulkodott az éhségükről.

Leur souffle s'éleva, regardant le combat final commencer.

Felfelé lélegzetelállítóan nézték a végső küzdelem kezdetét.

Pour Buck, cette bataille était ancienne et attendue, pas du tout étrange.

Buck számára ez a csata régi és várható volt, egyáltalán nem furcsa.

C'était comme un souvenir de quelque chose qui devait arriver depuis toujours.

Olyan volt, mint valaminek az emléke, aminek mindig is meg kellett történnie.

Le Spitz était un chien de combat entraîné, affiné par d'innombrables bagarres sauvages.

Spitz egy kiképzett harci kutya volt, akit számtalan vad verekedés csiszolt.

Du Spitzberg au Canada, il a vaincu de nombreux ennemis.

A Spitzbergáktól Kanadáig számos ellenféllel győzött le.

Il était rempli de fureur, mais n'a jamais cédé au contrôle de la rage.

Tele volt dühvel, de sosem adta át az irányítást a dühöngésnek.

Sa passion était vive, mais toujours tempérée par un instinct dur.

Szenvedélye éles volt, de mindig kemény ösztön mérsékelte.

Il n'a jamais attaqué jusqu'à ce que sa propre défense soit en place.

Soha nem támadott, amíg a saját védekezése a helyén nem volt.

Buck a essayé encore et encore d'atteindre le cou vulnérable de Spitz.

Buck újra meg újra megpróbálta elérni Spitz sebezhető nyakát.

Mais chaque coup était accueilli par un coup des dents acérées de Spitz.

De minden csapást Spitz éles fogai hasítással fogadtak.

Leurs crocs se sont heurtés et les deux chiens ont saigné de leurs lèvres déchirées.

Agyarak összecsaptak, és mindkét kutya vérzett a felszakadt ajkakból.

Peu importe comment Buck s'est lancé, il n'a pas pu briser la défense.

Hiába tört rá Buck, nem tudta áttörni a védelmet.

Il devint de plus en plus furieux, se précipitant avec des explosions de puissance sauvages.

Egyre dühösebb lett, vad erőkitörésekkel rohant előre.

À maintes reprises, Buck frappait la gorge blanche du Spitz.

Buck újra meg újra Spitz fehér torkára csapott le.

À chaque fois, Spitz esquivait et riposta avec une morsure tranchante.

Spitz minden alkalommal kitért, és egy metsző harapással vágott vissza.

Buck changea alors de tactique, se précipitant à nouveau comme pour atteindre la gorge.

Aztán Buck taktikát váltott, és úgy rohant, mintha ismét a torkának csapna.

Mais il s'est retiré au milieu de l'attaque, se tournant pour frapper sur le côté.

De támadás közben visszahúzódott, és oldalról támadott.

Il a lancé son épaule sur Spitz, dans le but de le faire tomber.

A vállával Spitznek vágta, azzal a céllal, hogy leüsse.

À chaque fois qu'il essayait, Spitz esquivait et ripostait avec une frappe.

Spitz minden alkalommal kitért, amikor megpróbálta, és egy csapással válaszolt.

L'épaule de Buck était à vif alors que Spitz s'écartait après chaque coup.

Buck válla felsírt, ahogy Spitz minden ütés után elhúzódott.

Spitz n'avait pas été touché, tandis que Buck saignait de nombreuses blessures.

Spitzhez senki sem nyúlt, míg Buck számos sebből vérzett.

La respiration de Buck était rapide et lourde, son corps était couvert de sang.

Buck lélegzete gyors és nehéz volt, teste vértől ázott.

Le combat devenait plus brutal à chaque morsure et à chaque charge.

A harc minden egyes harapással és rohammal egyre brutálisabbá vált.

Autour d'eux, soixante chiens silencieux attendaient le premier à tomber.

Körülöttük hatvan néma kutya várta az első elesést.

Si un chien tombait, la meute allait mettre fin au combat.

Ha egy kutya elesik, a falka befejezi a harcot.

Spitz vit Buck faiblir et commença à attaquer.

Spitz látta, hogy Buck gyengül, és támadásba lendült.

Il a maintenu Buck en déséquilibre, le forçant à lutter pour garder pied.

Kibillentette az egyensúlyából Buckot, ami miatt küzdenie kellett a talpon maradásért.

Un jour, Buck trébucha et tomba, et tous les chiens se relevèrent.

Buck egyszer megbotlott és elesett, mire az összes kutya felállt.

Mais Buck s'est redressé au milieu de sa chute, et tout le monde s'est affalé.

De Buck zuhanás közben kiegyenesedett, és mindenki visszasüppedt.

Buck avait quelque chose de rare : une imagination née d'un instinct profond.

Bucknak volt valami ritka tulajdonsága – mély ösztönből született képzelőereje.

Il combattait par instinct naturel, mais aussi par ruse.

Természetes ösztönnel harcolt, de ravaszsággal is.

Il chargea à nouveau comme s'il répétait son tour d'attaque à l'épaule.

Újra rohamra kelt, mintha megismételné a válltámadás trükkjét.

Mais à la dernière seconde, il s'est laissé tomber et a balayé Spitz.

De az utolsó pillanatban leugrott, és Spitz alá került.

Ses dents se sont bloquées sur la patte avant gauche de Spitz avec un claquement.

Fogai egy csattanással akadtak össze Spitz bal mellső lábán.

Spitz était maintenant instable, son poids reposant sur seulement trois pattes.

Spitz most bizonytalanul állt, testsúlya mindössze három lábon nyugodott.

Buck frappa à nouveau, essaya trois fois de le faire tomber.

Buck ismét lecsapott, háromszor próbálta leteríteni.

À la quatrième tentative, il a utilisé le même mouvement avec succès.

A negyedik próbálkozásra ugyanazt a mozdulatot alkalmazta sikerrel.

Cette fois, Buck a réussi à mordre la jambe droite du Spitz.

Ezúttal Bucknak sikerült Spitz jobb lábát megharapnia.

Spitz, bien que paralysé et souffrant, continuait à lutter pour survivre.

Spitz, bár nyomorék és kínok között volt, továbbra is küzdött a túlélésért.

Il vit le cercle de huskies se resserrer, la langue tirée, les yeux brillants.

Látta, ahogy a huskyk köre egyre szorosabbra húzódik, kinyújtott nyelvekkel, izzó szemekkel.

Ils attendaient de le dévorer, comme ils l'avaient fait pour les autres.

Arra vártak, hogy felfalhassák, ahogyan másokkal is tették.

Cette fois, il se tenait au centre, vaincu et condamné.

Ezúttal középen állt; legyőzötten és kudarcra ítélve.

Le chien blanc n'avait désormais plus aucune possibilité de s'échapper.

A fehér kutyának most már nem volt lehetősége elmenekülni.

Buck n'a montré aucune pitié, car la pitié n'avait pas sa place dans la nature.

Buck nem mutatott irgalmat, mert az irgalom nem a vadonban való.

Buck se déplaçait prudemment, se préparant à la charge finale.

Buck óvatosan mozgott, felkészülve az utolsó rohamra.

Le cercle des huskies se referma ; il sentit leur souffle chaud.

A huskyk köre egyre közelebb ért; érezte meleg leheletüket.

Ils s'accroupirent, prêts à bondir lorsque le moment viendrait.

Leguggoltak, készen arra, hogy ugorjanak, ha eljön a pillanat.

Spitz tremblait dans la neige, grognant et changeant de position.

Spitz remegett a hóban, vicsorgott és változtatott az állásán.

Ses yeux brillaient, ses lèvres se courbaient, ses dents brillaient dans une menace désespérée.

Szemei lángoltak, ajkai felkunkorodtak, fogai kétségbeesett fenyegetésként villogtak.

Il tituba, essayant toujours de résister à la morsure froide de la mort.

Megtántorodott, még mindig próbálta visszatartani a halál hideg csípését.

Il avait déjà vu cela auparavant, mais toujours du côté des gagnants.

Látott már ilyet korábban, de mindig a győztes oldalról.

Il était désormais du côté des perdants, des vaincus, de la proie, de la mort.

Most a vesztes oldalon állt; a legyőzött; a préda; a halál.

Buck tourna en rond pour porter le coup final, le cercle de chiens se rapprochant.

Buck az utolsó csapásra várva körözött, a kutyák gyűrűje egyre közelebb nyomult.

Il pouvait sentir leur souffle chaud, prêt à tuer.

Érezte forró leheletüket; készen álltak a gyilkolásra.

Un silence s'installa ; tout était à sa place ; le temps s'était arrêté.

Csend lett; minden a helyén volt; megállt az idő.

Même l'air froid entre eux se figea un dernier instant.

Még a köztük lévő hideg levegő is megfagyott egy utolsó pillanatra.

Seul Spitz bougea, essayant de retenir sa fin amère.

Csak Spitz mozdult, próbálta visszafogni keserű végét.

Le cercle des chiens se refermait autour de lui, comme l'était son destin.

A kutyák köre egyre szűkült körülötte, ahogy a sorsa is.

Il était désespéré maintenant, sachant ce qui allait se passer.

Most már kétségbeesett volt, tudta, mi fog történni.

Buck bondit, épaule contre épaule une dernière fois.

Buck előreugrott, válla még utoljára összeért.

Les chiens se sont précipités en avant, couvrant Spitz dans l'obscurité neigeuse.

A kutyák előretörtek, fedezve Spitzet a havas sötétségben.

Buck regardait, debout, le vainqueur dans un monde sauvage.

Buck egyenesen állva figyelte őket; a győztes egy vad világban.

La bête primordiale dominante avait fait sa proie, et c'était bien.

Az uralkodó ősállat begyűjtette a zsákmányát, és ez jó volt.

Celui qui a gagné la maîtrise
Aki elnyerte a mesteri címet

« Hein ? Qu'est-ce que j'ai dit ? Je dis vrai quand je dis que Buck est un démon. »

„Hé? Mit mondtam? Igazat mondok, amikor azt mondom, hogy Buck egy ördög."

François a dit cela le lendemain matin après avoir constaté la disparition de Spitz.

François ezt másnap reggel mondta, miután Spitz eltűntnek bizonyult.

Buck se tenait là, couvert de blessures dues au combat acharné.

Buck ott állt, tele sebekkel a kegyetlen küzdelem nyomaiból.

François tira Buck près du feu et lui montra les blessures.

François a tűzhöz húzta Buckot, és a sérüléseire mutatott.

« Ce Spitz s'est battu comme le Devik », dit Perrault en observant les profondes entailles.

– Az a Spitz úgy harcolt, mint a Devik – mondta Perrault, a mély sebeket nézve.

« Et ce Buck s'est battu comme deux diables », répondit aussitôt François.

– És hogy Buck úgy harcolt, mint két ördög – felelte azonnal François.

« Maintenant, nous allons faire du bon temps ; plus de Spitz, plus de problèmes. »

„Most már jó úton haladunk; nincs több Spitz, nincs több baj."

Perrault préparait le matériel et chargeait le traîneau avec soin.

Perrault pakolgatta a felszerelést, és gondosan megrakta a szánt.

François a attelé les chiens en prévision de la course du jour.

François befogta a kutyákat, hogy felkészüljön a napi futásra.

Buck a trotté directement vers la position de tête autrefois détenue par Spitz.

Buck egyenesen a Spitz által korábban megtartott vezető pozícióba ügetett.

Mais François, sans s'en apercevoir, conduisit Solleks vers l'avant.

De François, mit sem törődve ezzel, előre vezette Solleks-et.

Aux yeux de François, Solleks était désormais le meilleur chien de tête.

François megítélése szerint Solleks volt most a legjobb vezetőkutya.

Buck se jeta sur Solleks avec fureur et le repoussa en signe de protestation.

Buck dühösen ráugrott Solleksre, és tiltakozásul visszaverte.

Il se tenait là où Spitz s'était autrefois tenu, revendiquant la position de leader.

Ott állt, ahol egykor Spitz állt, és átvette a vezető pozíciót.

« Hein ? Hein ? » s'écria François en se frappant les cuisses d'un air amusé.

– Hé? Hé? – kiáltotta François, és szórakozottan a combjára csapott.

« Regardez Buck, il a tué Spitz, et maintenant il veut prendre le poste ! »

„Nézd csak Buckot! Ő ölte meg Spitzet, most meg el akarja vállalni a munkát!"

« Va-t'en, Chook ! » cria-t-il, essayant de chasser Buck.

„Menj el, Chook!" – kiáltotta, miközben megpróbálta elkergetni Buckot.

Mais Buck refusa de bouger et resta ferme dans la neige.

De Buck nem volt hajlandó megmozdulni, és szilárdan állt a hóban.

François attrapa Buck par la peau du cou et le tira sur le côté.

François megragadta Buckot a tarkójánál fogva, és félrerántotta.

Buck grogna bas et menaçant mais n'attaqua pas.

Buck halkan és fenyegetően morgott, de nem támadott.

François a remis Solleks en tête, tentant de régler le différend

François visszaszerezte a vezetést Solleksnek, megpróbálva rendezni a vitát

Le vieux chien avait peur de Buck et ne voulait pas rester.

Az öreg kutya félt Bucktól, és nem akart maradni.

Quand François lui tourna le dos, Buck chassa à nouveau Solleks.

Amikor François hátat fordított, Buck ismét kiűzte Solleks-et.

Solleks n'a pas résisté et s'est discrètement écarté une fois de plus.

Solleks nem ellenkezett, és csendben ismét félreállt.

François s'est mis en colère et a crié : « Par Dieu, je te répare ! »

François dühös lett, és felkiáltott: „Istenemre, meggyógyítalak!"

Il s'approcha de Buck en tenant une lourde massue à la main.

Egy nehéz bunkót tartva a kezében, Buck felé közeledett.

Buck se souvenait bien de l'homme au pull rouge.

Buck jól emlékezett a piros pulóveres férfira.

Il recula lentement, observant François, mais grognant profondément.

Lassan hátrált, François-t figyelve, de mélyet morgott.

Il ne s'est pas précipité en arrière, même lorsque Solleks s'est levé à sa place.

Nem sietett vissza, még akkor sem, amikor Solleks állt a helyén.

Buck tourna en rond juste hors de portée, grognant de fureur et de protestation.

Buck elérhetetlen távolságban körözött, dühösen és tiltakozva vicsorgott.

Il gardait les yeux fixés sur le gourdin, prêt à esquiver si François lançait.

A klubra szegezte a szemét, készen arra, hogy kitérjen, ha François dobna.

Il était devenu sage et prudent quant aux manières des hommes armés.

Bölcs és óvatos lett a fegyveres emberekkel szemben.

François abandonna et rappela Buck à son ancienne place.

François feladta, és visszahívta Buckot a korábbi helyére.

Mais Buck recula prudemment, refusant d'obéir à l'ordre.

De Buck óvatosan hátrébb lépett, és nem volt hajlandó engedelmeskedni a parancsnak.

François le suivit, mais Buck ne recula que de quelques pas supplémentaires.

François követte, de Buck csak néhány lépést hátrált még.

Après un certain temps, François jeta l'arme par frustration.

Egy idő után François dühösen elhajította a fegyvert.

Il pensait que Buck craignait d'être battu et qu'il allait venir tranquillement.

Azt gondolta, Buck fél a veréstől, és csendben fog jönni.

Mais Buck n'évitait pas la punition : il se battait pour son rang.

De Buck nem a büntetés elől menekült – a rangjáért küzdött.

Il avait gagné la place de chien de tête grâce à un combat à mort.

Halálos küzdelemmel érdemelte ki a vezető kutya pozíciót

il n'allait pas se contenter de moins que d'être le leader.

Nem fog megelégedni kevesebbel, mint hogy vezető legyen.

Perrault a participé à la poursuite pour aider à attraper le Buck rebelle.

Perrault besegített az üldözésbe, hogy segítsen elkapni a lázadó Buckot.

Ensemble, ils l'ont fait courir dans le camp pendant près d'une heure.

Együtt futkostak vele a táborban közel egy órán át.

Ils lui lancèrent des coups de massue, mais Buck les esquiva habilement.

Bunkókkal dobálták meg, de Buck ügyesen kikerülte mindegyiket.

Ils l'ont maudit, lui, ses ancêtres, ses descendants et chaque cheveu de sa personne.

Átkozták őt, őseit, leszármazottait és minden egyes hajszálát.

Mais Buck se contenta de gronder en retour et resta hors de leur portée.

De Buck csak vicsorgott vissza, és pont annyira maradt, hogy ne érhessék el.

Il n'a jamais essayé de s'enfuir mais a délibérément tourné autour du camp.

Soha nem próbált elfutni, hanem szándékosan körbejárta a tábort.

Il a clairement fait savoir qu'il obéirait une fois qu'ils lui auraient donné ce qu'il voulait.

Világossá tette, hogy engedelmeskedni fog, amint megkapja, amit akar.

François s'est finalement assis et s'est gratté la tête avec frustration.

François végül leült, és dühösen megvakarta a fejét.

Perrault consulta sa montre, jura et marmonna à propos du temps perdu.

Perrault ránézett az órájára, káromkodott, és az elvesztegetett időről motyogott.

Une heure s'était déjà écoulée alors qu'ils auraient dû être sur la piste.

Már eltelt egy óra, amikor már az ösvényen kellett volna lenniük.

François haussa les épaules d'un air penaud en direction du coursier, qui soupira de défaite.

François szégyenlősen vállat vont a futár felé, aki legyőzötten felsóhajtott.

François se dirigea alors vers Solleks et appela Buck une fois de plus.

Aztán François odament Sollekshez, és ismét Buckot szólította.

Buck rit comme rit un chien, mais garda une distance prudente.

Buck úgy nevetett, mint egy kutya, de óvatos távolságot tartott.

François retira le harnais de Solleks et le remit à sa place.

François levette Solleks hámját, és visszavitte a helyére.

L'équipe de traîneau était entièrement harnachée, avec seulement une place libre.

A szánkócsapat teljes felszerelésben állt, csak egy hely volt betöltetlen.

La position de tête est restée vide, clairement destinée à Buck seul.

A vezető pozíció üresen maradt, egyértelműen csak Bucknak szánták.

François appela à nouveau, et à nouveau Buck rit et tint bon.

François újra szólt, Buck pedig ismét nevetett és kitartott.

« Jetez le gourdin», ordonna Perrault sans hésitation.

– Dobd le a botot! – parancsolta Perrault habozás nélkül.

François obéit et Buck trotta immédiatement en avant, fièrement.

François engedelmeskedett, Buck pedig azonnal büszkén előreügetett.

Il rit triomphalement et prit la tête.

Diadalmasan felnevetett, és átvette a vezető helyet.

François a sécurisé ses traces et le traîneau a été détaché.

François biztosította a nyomait, és a szánt elengedték.

Les deux hommes couraient côte à côte tandis que l'équipe s'engageait sur le sentier de la rivière.

Mindkét férfi egymás mellett futott, miközben a csapat a folyó menti ösvényre rohant.

François avait une haute opinion des « deux diables » de Buck,

François nagyra tartotta Buck „két ördögét",

mais il s'est vite rendu compte qu'il avait en fait sous-estimé le chien.

de hamarosan rájött, hogy valójában alábecsülte a kutyát.

Buck a rapidement pris le leadership et a fait preuve d'excellence.

Buck gyorsan átvette a vezetést, és kiválóan teljesített.

En termes de jugement, de réflexion rapide et d'action, Buck a surpassé Spitz.

Ítéletben, gyors gondolkodásban és gyors cselekvésben Buck felülmúlta Spitzet.

François n'avait jamais vu un chien égal à celui que Buck présentait maintenant.

François még soha nem látott olyan kutyát, mint amilyennek Buck most mutatta magát.

Mais Buck excellait vraiment dans l'art de faire respecter l'ordre et d'imposer le respect.

De Buck valóban jeleskedett a rendfenntartásban és a tisztelet kivívásában.

Dave et Solleks ont accepté le changement sans inquiétude ni protestation.

Dave és Solleks aggodalom vagy tiltakozás nélkül elfogadták a változást.

Ils se concentraient uniquement sur le travail et tiraient fort sur les rênes.

Csak a munkára és a gyeplő kemény húzására koncentráltak.

Peu leur importait de savoir qui menait, tant que le traîneau continuait d'avancer.

Nem törődtek azzal, ki vezet, amíg a szán mozog.

Billee, la joyeuse, aurait pu diriger pour autant qu'ils s'en soucient.

Billee, a vidám lány, akár vezethetett volna is, mindegy volt nekik.

Ce qui comptait pour eux, c'était la paix et l'ordre dans les rangs.

Ami számított nekik, az a sorokban uralkodó béke és rend volt.

Le reste de l'équipe était devenu indiscipliné pendant le déclin de Spitz.

A csapat többi tagja Spitz hanyatlása alatt rakoncátlanná vált.

Ils furent choqués lorsque Buck les ramena immédiatement à l'ordre.

Megdöbbentek, amikor Buck azonnal rendet teremtett bennük.

Pike avait toujours été paresseux et traînait les pieds derrière Buck.

Pike mindig is lusta volt, és csak húzta a lábát Buck után.

Mais maintenant, il a été sévèrement discipliné par la nouvelle direction.

De most az új vezetés keményen megfegyelmezte.

Et il a rapidement appris à faire sa part dans l'équipe.

És gyorsan megtanulta, hogyan érvényesítse a súlyát a csapatban.

À la fin de la journée, Pike avait travaillé plus dur que jamais.

A nap végére Pike keményebben dolgozott, mint valaha.

Cette nuit-là, au camp, Joe, le chien aigri, fut finalement maîtrisé.

Azon az estén a táborban Joe-t, a savanyú kutyát végre sikerült lecsillapítani.

Spitz n'avait pas réussi à le discipliner, mais Buck n'avait pas échoué.

Spitz nem tudta megfegyelmezni, de Buck nem vallott kudarcot.

Grâce à son poids plus important, Buck a vaincu Joe en quelques secondes.

Nagyobb súlyát felhasználva Buck másodpercek alatt legyűrte Joe-t.

Il a mordu et battu Joe jusqu'à ce qu'il gémisse et cesse de résister.

Addig harapdálta és ütötte Joe-t, amíg az felnyögött és felhagyott az ellenállással.

Toute l'équipe s'est améliorée à partir de ce moment-là.

Az egész csapat attól a pillanattól kezdve fejlődött.

Les chiens ont retrouvé leur ancienne unité et leur discipline.

A kutyák visszanyerték régi egységüket és fegyelmüket.

À Rink Rapids, deux nouveaux huskies indigènes, Teek et Koona, nous ont rejoint.

Rink Rapidsnél két új őshonos husky, Teek és Koona csatlakozott.

La rapidité avec laquelle Buck les dressa étonna même François.

Buck gyors kiképzése még François-t is megdöbbentette.

« Il n'y a jamais eu de chien comme ce Buck ! » s'écria-t-il avec stupéfaction.

„Soha nem volt még ilyen kutya, mint ez a Buck!" – kiáltotta ámulva.

« Non, jamais ! Il vaut mille dollars, bon sang ! »

„Nem, soha! Istenemre mondom, ezer dollárt ér!"

« Hein ? Qu'en dis-tu, Perrault ? » demanda-t-il avec fierté.

– Hm? Mit szólsz ehhez, Perrault? – kérdezte büszkén.

Perrault hocha la tête en signe d'accord et vérifia ses notes.

Perrault egyetértően bólintott, és átnézte a jegyzeteit.

Nous sommes déjà en avance sur le calendrier et gagnons chaque jour davantage.

Már most megelőzzük a tervezettet, és napról napra többet nyerünk.

Le sentier était dur et lisse, sans neige fraîche.

Az ösvény keményre döngölt és sima volt, friss hó nem esett.

Le froid était constant, oscillant autour de cinquante degrés en dessous de zéro.

Állandó volt a hideg, végig ötven fok körül alakult.

Les hommes montaient et couraient à tour de rôle pour se réchauffer et gagner du temps.

A férfiak felváltva lovagoltak és futottak, hogy melegen tartsák magukat és időt nyerjenek.

Les chiens couraient vite avec peu d'arrêts, poussant toujours vers l'avant.

A kutyák gyorsan futottak, kevés megállást követően, mindig előre nyomulva.

La rivière Thirty Mile était en grande partie gelée et facile à traverser.

A Harminc Mérföld folyó nagy része be volt fagyva, és könnyen átkelhetett rajta.

Ils sont sortis en un jour, ce qui leur avait pris dix jours pour venir.

Egy nap alatt mentek ki, míg visszafelé tíz napig tartott.

Ils ont parcouru une distance de soixante milles du lac Le Barge jusqu'à White Horse.

Hatvan mérföldes száguldást tettek meg a Le Barge-tótól White Horse-ig.

À travers les lacs Marsh, Tagish et Bennett, ils se déplaçaient incroyablement vite.

Hihetetlenül gyorsan haladtak a Marsh, Tagish és Bennett tavakon át.

L'homme qui courait était tiré derrière le traîneau par une corde.

A futó férfi kötélen vontatta a szánkót.

La dernière nuit de la deuxième semaine, ils sont arrivés à destination.

A második hét utolsó estéjén megérkeztek úti céljukhoz.

Ils avaient atteint ensemble le sommet du col White.

Együtt érték el a White Pass csúcsát.

Ils sont descendus au niveau de la mer avec les lumières de Skaguay en dessous d'eux.

A tenger szintjére ereszkedtek, alattuk Skaguay fényei világítottak.

Il s'agissait d'une course record à travers des kilomètres de nature froide et sauvage.

Rekorddöntő futás volt a hideg vadon mérföldjein át.

Pendant quatorze jours d'affilée, ils ont parcouru en moyenne quarante miles.

Tizennégy napon keresztül átlagosan negyven mérföldet tettek meg.

À Skaguay, Perrault et François transportaient des marchandises à travers la ville.

Skaguay-ban Perrault és François rakományt szállítottak a városon keresztül.

Ils ont été acclamés et ont reçu de nombreuses boissons de la part d'une foule admirative.

A csodáló tömeg éljenezte őket, és sok italt kínált nekik.

Les chasseurs de chiens et les ouvriers se sont rassemblés autour du célèbre attelage de chiens.

Kutyavadászok és munkások gyűltek össze a híres kutyás csapat körül.

Puis les hors-la-loi de l'Ouest arrivèrent en ville et subirent une violente défaite.

Ezután nyugati törvényen kívüliek érkeztek a városba, és erőszakos vereséget szenvedtek.

Les gens ont vite oublié l'équipe et se sont concentrés sur un nouveau drame.

Az emberek hamarosan elfelejtették a csapatot, és új drámákra koncentráltak.

Puis sont arrivées les nouvelles commandes qui ont tout changé d'un coup.

Aztán jöttek az új parancsok, amelyek egyszerre mindent megváltoztattak.

François appela Buck à lui et le serra dans ses bras avec une fierté larmoyante.

François magához hívta Buckot, és könnyes büszkeséggel ölelte át.

Ce moment fut la dernière fois que Buck revit François.

Ez volt az utolsó alkalom, hogy Buck újra látta François-t.

Comme beaucoup d'hommes avant eux, François et Perrault étaient tous deux partis.

Sok más férfihoz hasonlóan François és Perrault is eltűntek.

Un métis écossais a pris en charge Buck et ses coéquipiers de chiens de traîneau.

Egy skót félvér vette át Buck és szánhúzó kutyáinak irányítását.

Avec une douzaine d'autres équipes de chiens, ils sont retournés par le sentier jusqu'à Dawson.

Egy tucat másik kutyafogattal együtt visszatértek a Dawsonba vezető ösvényen.

Ce n'était plus une course rapide, juste un travail pénible avec une lourde charge chaque jour.

Most már nem volt gyors futás – csak nehéz kínlódás, nehéz teherrel minden nap.

C'était le train postal qui apportait des nouvelles aux chercheurs d'or près du pôle.

Ez volt a postavonat, amely hírt vitt az Északi-sark közelében lévő aranyvadászoknak.

Buck n'aimait pas le travail mais le supportait bien, étant fier de ses efforts.

Buck nem szerette a munkát, de jól viselte, büszke volt az erőfeszítésére.

Comme Dave et Solleks, Buck a fait preuve de dévouement dans chaque tâche quotidienne.

Dave-hez és Sollekshez hasonlóan Buck is odaadással végezte minden napi feladatát.

Il s'est assuré que chacun de ses coéquipiers fasse sa part du travail.

Gondoskodott róla, hogy csapattársai mindannyian a rájuk bízott feladatokat végezzék.

La vie sur les sentiers est devenue ennuyeuse, répétée avec la précision d'une machine.

Az ösvényes élet unalmassá vált, gépi pontossággal ismétlődött.

Chaque jour était le même, un matin se fondant dans le suivant.

Minden nap ugyanolyannak tűnt, az egyik reggel beleolvadt a másikba.

À la même heure, les cuisiniers se levèrent pour allumer des feux et préparer la nourriture.

Ugyanebben az órában a szakácsok is felkeltek, hogy tüzet rakjanak és ételt készítsenek.

Après le petit-déjeuner, certains quittèrent le camp tandis que d'autres attelèrent les chiens.

Reggeli után néhányan elhagyták a tábort, míg mások befogták a kutyákat.

Ils ont pris la route avant que le faible avertissement de l'aube ne touche le ciel.

Még mielőtt a hajnal halvány figyelmeztetése elérte volna az eget, elindultak az ösvényen.

La nuit, ils s'arrêtaient pour camper, chaque homme ayant une tâche précise.

Éjszaka megálltak tábort verni, minden embernek meghatározott feladata volt.

Certains ont monté les tentes, d'autres ont coupé du bois de chauffage et ramassé des branches de pin.

Néhányan sátrakat vertek, mások tűzifát vágtak és fenyőágakat gyűjtöttek.

De l'eau ou de la glace étaient ramenées aux cuisiniers pour le repas du soir.

Vizet vagy jeget vittek vissza a szakácsoknak vacsorára.

Les chiens ont été nourris et c'était le meilleur moment de la journée pour eux.

A kutyákat megetették, és ez volt a nap legszebb része számukra.

Après avoir mangé du poisson, les chiens se sont détendus et se sont allongés près du feu.

Miután elfogyasztották a halat, a kutyák pihentek és heverésztek a tűz közelében.

Il y avait une centaine d'autres chiens dans le convoi avec lesquels se mêler.

Száz másik kutya is volt a konvojban, akikkel el lehetett beszélgetni.

Beaucoup de ces chiens étaient féroces et prompts à se battre sans prévenir.

Sok ilyen kutya vad volt és gyorsan verekedni kezdett figyelmeztetés nélkül.

Mais après trois victoires, Buck a maîtrisé même les combattants les plus féroces.

De három győzelem után Buck még a legádázabb harcosokat is legyőzte.

Maintenant, quand Buck grogna et montra ses dents, ils s'écartèrent.

Amikor Buck morgott és kivillantotta a fogát, félreálltak.

Mais le plus beau dans tout ça, c'est que Buck aimait s'allonger près du feu de camp vacillant.

Talán a legjobban Buck imádott a pislákoló tábortűz közelében feküdni.

Il s'accroupit, les pattes arrière repliées et les pattes avant tendues vers l'avant.

Leguggolt, hátsó lábait behúzva, első lábait előre nyújtva.

Sa tête était levée tandis qu'il cligna doucement des yeux devant les flammes rougeoyantes.

Felemelt fejjel halkan pislogott az izzó lángok felé.

Parfois, il se souvenait de la grande maison du juge Miller à Santa Clara.

Néha eszébe jutott Miller bíró nagy háza Santa Clarában.

Il pensait à la piscine en ciment, à Ysabel et au carlin appelé Toots.

A cementmedencére gondolt, Ysabelre és a Toots nevű mopszra.

Mais le plus souvent, il se souvenait du gourdin de l'homme au pull rouge.

De gyakrabban a piros pulóveres férfi klubjára gondolt.

Il se souvenait de la mort de Curly et de sa bataille acharnée contre Spitz.

Emlékezett Göndör halálára és a Spitzcel vívott ádáz csatájára.

Il se souvenait aussi des bons plats qu'il avait mangés ou dont il rêvait encore.

Eszébe jutottak azok a finom ételek is, amiket evett, vagy amikről még mindig álmodozott.

Buck n'avait pas le mal du pays : la vallée chaude était lointaine et irréelle.

Buck nem honvágyas volt – a meleg völgy távoli és valószerűtlen volt.

Les souvenirs de Californie n'avaient plus vraiment d'influence sur lui.

Kalifornia emlékei már nem igazán ragadták meg.

Plus forts que la mémoire étaient les instincts profondément ancrés dans sa lignée.

Az emlékeinél erősebbek voltak a vérvonalában mélyen rejlő ösztönök.

Les habitudes autrefois perdues étaient revenues, ravivées par le sentier et la nature sauvage.

Az elveszett szokások visszatértek, az ösvény és a vadon újjáélesztette őket.

Tandis que Buck regardait la lumière du feu, cela devenait parfois autre chose.

Miközben Buck a tűzfényt nézte, az néha valami mássá vált.

Il vit à la lueur du feu un autre feu, plus vieux et plus profond que celui-ci.

A tűzfényben egy másik tüzet látott, régebbit és mélyebbet a jelenleginél.

À côté de cet autre feu se tenait accroupi un homme qui ne ressemblait pas au cuisinier métis.

A másik tűz mellett egy férfi kuporgott, aki nem hasonlított a félvér szakácshoz.

Cette figurine avait des jambes courtes, de longs bras et des muscles durs et noués.

Ennek az alaknak rövid lábai, hosszú karjai és kemény, csomós izmai voltak.

Ses cheveux étaient longs et emmêlés, tombant en arrière à partir des yeux.

Hosszú és gubancos haja volt, a szemétől hátralógó.

Il émit des sons étranges et regarda l'obscurité avec peur.

Furcsa hangokat adott ki, és félelemmel bámult a sötétségbe.

Il tenait une massue en pierre basse, fermement serrée dans sa longue main rugueuse.

Hosszú, durva kezében szorosan szorongatott egy kőbotot, ami alacsonyan tartotta.

L'homme portait peu de vêtements ; juste une peau carbonisée qui pendait dans son dos.

A férfi keveset viselt; csak egy elszenesedett bőr lógott a hátán.

Son corps était couvert de poils épais sur les bras, la poitrine et les cuisses.

Testét vastag szőrzet borította, amely a karján, a mellkasán és a combján húzódott.

Certaines parties des cheveux étaient emmêlées en plaques de fourrure rugueuse.

A haj egyes részei durva szőrfoltokká kuszadtak össze.

Il ne se tenait pas droit mais penché en avant des hanches jusqu'aux genoux.

Nem állt egyenesen, hanem csípőtől térdig előrehajolt.

Ses pas étaient élastiques et félins, comme s'il était toujours prêt à bondir.

Léptei ruganyosak és macskaszerűek voltak, mintha mindig készen állna az ugrásra.

Il y avait une vive vigilance, comme s'il vivait dans une peur constante.

Éles éberség áradt belőle, mintha állandó félelemben élne.

Cet homme ancien semblait s'attendre au danger, que le danger soit perçu ou non.

Ez az ősi ember látszólag számított a veszélyre, akár látta a veszélyt, akár nem.

Parfois, l'homme poilu dormait près du feu, la tête entre les jambes.

A szőrös férfi időnként a tűz mellett aludt, fejét a lábai közé dugva.

Ses coudes reposaient sur ses genoux, ses mains jointes au-dessus de sa tête.

Könyöke a térdén nyugodott, kezei a feje fölött összekulcsolva.

Comme un chien, il utilisait ses bras velus pour se débarrasser de la pluie qui tombait.

Mint egy kutya, szőrös karjaival lerázta magáról a hulló esőt.

Au-delà de la lumière du feu, Buck vit deux charbons jumeaux briller dans l'obscurité.

A tűzfényen túl Buck kettős parazsat látott izzani a sötétben.

Toujours deux par deux, ils étaient les yeux des bêtes de proie traquantes.

Mindig kettesével, lesben álló ragadozók szemei voltak.

Il entendit des corps s'écraser à travers les broussailles et des bruits se faire entendre dans la nuit.

Testek csapódását hallotta a bozótosban, és hangokat az éjszakában.

Allongé sur la rive du Yukon, clignant des yeux, Buck rêvait près du feu.

A Yukon partján fekve, pislogva, Buck a tűz mellett álmodozott.

Les images et les sons de ce monde sauvage lui faisaient dresser les cheveux sur la tête.

A vad világ látványától és hangjaitól égnek állt a haja.

La fourrure s'élevait le long de son dos, de ses épaules et de son cou.

A szőr felállt a hátán, a vállán és fel a nyakán.

Il gémissait doucement ou émettait un grognement sourd au plus profond de sa poitrine.

Halkan nyüszített, vagy egy mély morgást hallatott a mellkasában.

Alors le cuisinier métis cria : « Hé, toi Buck, réveille-toi ! »

Ekkor a félvér szakács felkiáltott: „Hé, te Buck, ébredj fel!"

Le monde des rêves a disparu et la vraie vie est revenue aux yeux de Buck.

Az álomvilág eltűnt, és a való élet visszatért Buck szemébe.

Il allait se lever, s'étirer et bâiller, comme s'il venait de se réveiller d'une sieste.

Fel fog kelni, nyújtózkodni és ásítani, mintha szunyókálásból ébredt volna.

Le voyage était difficile, avec le traîneau postal qui traînait derrière eux.

Az út nehéz volt, a postaszán húzta őket.

Les lourdes charges et le travail pénible épuisaient les chiens à chaque longue journée.

A nehéz terhek és a kemény munka minden hosszú napon kifárasztotta a kutyákat.

Ils arrivèrent à Dawson maigres, fatigués et ayant besoin de plus d'une semaine de repos.

Lesoványodva, fáradtan érkeztek meg Dawsonba, és több mint egyheti pihenésre volt szükségük.

Mais seulement deux jours plus tard, ils repartaient sur le Yukon.

De mindössze két nappal később ismét elindultak lefelé a Yukonon.

Ils étaient chargés de lettres supplémentaires destinées au monde extérieur.

Még több, külvilágnak szánt levéllel voltak megrakodva.

Les chiens étaient épuisés et les hommes se plaignaient constamment.

A kutyák kimerültek voltak, a férfiak pedig állandóan panaszkodtak.

La neige tombait tous les jours, ramollissant le sentier et ralentissant les traîneaux.

Minden nap esett a hó, megpuhítva az ösvényt és lelassítva a szánokat.

Cela a rendu la traction plus difficile et a entraîné plus de traînée sur les patins.

Ez nehezebb húzást és nagyobb ellenállást eredményezett a futókon.

Malgré cela, les pilotes étaient justes et se souciaient de leurs équipes.

Ennek ellenére a sofőrök korrektek voltak és törődtek a csapataikkal.

Chaque nuit, les chiens étaient nourris avant que les hommes ne puissent manger.

Minden este megetették a kutyákat, mielőtt a férfiak enhettek volna.

Aucun homme ne dormait avant de vérifier les pattes de son propre chien.

Senki sem aludt el anélkül, hogy meg ne nézte volna a saját kutyája lábát.

Cependant, les chiens s'affaiblissaient à mesure que les kilomètres s'écoulaient sur leur corps.

A kutyák mégis egyre gyengébbek lettek, ahogy a kilométerek megviselték a testüket.

Ils avaient parcouru mille huit cents kilomètres pendant l'hiver.

Ezernyolcszáz kilométert utaztak a tél folyamán.

Ils ont tiré des traîneaux sur chaque kilomètre de cette distance brutale.

Szánkókkal tették meg ezt a brutális távolságot minden mérföldön.

Même les chiens de traîneau les plus robustes ressentent de la tension après tant de kilomètres.

Még a legkeményebb szánhúzókutyák is megerőltetőnek érzik magukat ennyi kilométer után.

Buck a tenu bon, a permis à son équipe de travailler et a maintenu la discipline.

Buck kitartott, folyamatosan dolgozott a csapatán, és fegyelmet tartott.

Mais Buck était fatigué, tout comme les autres pendant le long voyage.

De Buck fáradt volt, akárcsak a többiek a hosszú úton.

Billee gémissait et pleurait dans son sommeil chaque nuit sans faute.

Billee minden éjjel szünet nélkül nyöszörgött és sírt álmában.

Joe devint encore plus amer et Solleks resta froid et distant.

Joe még keserűbb lett, Solleks pedig hideg és távolságtartó maradt.

Mais c'est Dave qui a le plus souffert de toute l'équipe.

De az egész csapat közül Dave szenvedett a legjobban.

Quelque chose n'allait pas en lui, même si personne ne savait quoi.

Valami elromlott benne, bár senki sem tudta, hogy mi.

Il est devenu de plus en plus maussade et s'en est pris aux autres avec une colère croissante.

Egyre szeszélyesebb lett, és egyre növekvő dühvel nyafogott másoknak.

Chaque nuit, il se rendait directement à son nid, attendant d'être nourri.

Minden este egyenesen a fészkébe ment, és várta az etetést.

Une fois tombé, Dave ne s'est pas relevé avant le matin.

Miután Dave lefeküdt, reggelig nem kelt fel.

Sur les rênes, des secousses ou des sursauts brusques le faisaient crier de douleur.

A gyeplőn a hirtelen rántások vagy ijedtségek fájdalmas felkiáltást váltottak ki belőle.

Son chauffeur a recherché la cause du sinistre, mais n'a constaté aucune blessure.

A sofőrje kereste a baleset okát, de sérülést nem talált nála.

Tous les conducteurs ont commencé à regarder Dave et ont discuté de son cas.

Minden sofőr Dave-et kezdte figyelni, és megvitatták az esetét.

Ils ont discuté pendant les repas et pendant leur dernière cigarette de la journée.

Étkezéskor és a nap utolsó cigarettája alatt beszélgettek.

Une nuit, ils ont tenu une réunion et ont amené Dave au feu.

Egyik este gyűlést tartottak, és Dave-et odavitték a tűzhöz.

Ils pressèrent et sondèrent son corps, et il cria souvent.

Nyomkodták és tapogatták a testét, és gyakran felkiáltott.

De toute évidence, quelque chose n'allait pas, même si aucun os ne semblait cassé.

Nyilvánvalóan valami baj volt, bár úgy tűnt, hogy egyetlen csontja sem tört el.

Au moment où ils atteignirent Cassiar Bar, Dave était en train de tomber.

Mire elérték a Cassiar Bárt, Dave már zuhant.

Le métis écossais a appelé à la fin et a retiré Dave de l'équipe.

A skót félvér megálljt parancsolt, és eltávolította Dave-et a csapatból.

Il a attaché Solleks à la place de Dave, le plus près de l'avant du traîneau.

Solleks-et Dave helyére rögzítette, a szán elejéhez legközelebb.

Il avait l'intention de laisser Dave se reposer et courir librement derrière le traîneau en mouvement.

Hagyni akarta Dave-et pihenni, és szabadon szaladgálni a mozgó szánkó mögött.

Mais même malade, Dave détestait être privé du travail qu'il avait occupé.

De még betegen is utálta Dave, ha elvették az eddigi munkájától.

Il grogna et gémit tandis que les rênes étaient retirées de son corps.

Morgott és nyüszített, ahogy a gyeplőt kihúzták a testéből.

Quand il vit Solleks à sa place, il pleura de douleur.

Amikor meglátta Solleks-et a helyén, megtört szívű fájdalommal sírt.

La fierté du travail sur les sentiers était profonde chez Dave, même à l'approche de la mort.

A túraútvonalon végzett munka büszkesége mélyen élt Dave-ben, még a halál közeledtével is.

Alors que le traîneau se déplaçait, Dave pataugeait dans la neige molle près du sentier.

Ahogy a szán mozgott, Dave vergődött a puha hóban az ösvény közelében.

Il a attaqué Solleks, le mordant et le poussant du côté du traîneau.

Megtámadta Solleks-et, megharapta és a szán oldaláról lökte.

Dave a essayé de sauter dans le harnais et de récupérer sa place de travail.

Dave megpróbált beugrani a hámba, és visszaszerezni a munkaterületét.

Il hurlait, gémissait et pleurait, déchiré entre la douleur et la fierté du travail.

Felsikoltott, nyafogott és sírt, a fájdalom és a vajúdás utáni büszkeség között őrlődve.

Le métis a utilisé son fouet pour essayer de chasser Dave de l'équipe.

A félvér az ostorát használta, hogy megpróbálja elűzni Dave-et a csapattól.

Mais Dave ignora le coup de fouet, et l'homme ne put pas le frapper plus fort.

De Dave nem törődött az ostorcsapással, és a férfi nem tudta erősebben megütni.

Dave a refusé le chemin le plus facile derrière le traîneau, où la neige était tassée.

Dave nem volt hajlandó a könnyebb utat választani a szánkó mögött, ahol vastag hó volt.

Au lieu de cela, il se débattait dans la neige profonde à côté du sentier, dans la misère.

Ehelyett a mély hóban küzdött az ösvény mellett, nyomorultul.

Finalement, Dave s'est effondré, allongé dans la neige et hurlant de douleur.

Végül Dave összeesett, a hóban feküdt és fájdalmasan üvöltött.

Il cria tandis que le long train de traîneaux le dépassait un par un.

Felkiáltott, ahogy a szánkók hosszú sora egyesével elhaladt mellette.

Pourtant, avec ce qu'il lui restait de force, il se leva et trébucha après eux.

Mégis, maradék erejével felállt, és botladozva utánuk eredt.

Il l'a rattrapé lorsque le train s'est arrêté à nouveau et a retrouvé son vieux traîneau.

Amikor a vonat ismét megállt, utolérte, és megtalálta a régi szánkóját.

Il a dépassé les autres équipes et s'est retrouvé à nouveau aux côtés de Solleks.

Elvánszorgott a többi csapat mellett, és ismét Solleks mellé állt.

Alors que le conducteur s'arrêtait pour allumer sa pipe, Dave saisit sa dernière chance.

Miközben a sofőr megállt, hogy meggyújtsa a pipáját, Dave megragadta az utolsó esélyt.

Lorsque le chauffeur est revenu et a crié, l'équipe n'a pas avancé.

Amikor a sofőr visszatért és kiabált, a csapat nem mozdult előre.

Les chiens avaient tourné la tête, déconcertés par l'arrêt soudain.

A kutyák elfordították a fejüket, zavartan a hirtelen megállást követően.

Le conducteur était également choqué : le traîneau n'avait pas avancé d'un pouce.

A sofőr is megdöbbent – a szán egy tapodtat sem mozdult előre.

Il a appelé les autres pour qu'ils viennent voir ce qui s'était passé.

Odakiáltott a többieknek, hogy jöjjenek és nézzék meg, mi történt.

Dave avait mâché les rênes de Solleks, les brisant toutes les deux.

Dave átrágta Solleks gyeplőjét, mindkettőt széttépve.

Il se tenait maintenant devant le traîneau, de retour à sa position légitime.

Most a szán előtt állt, vissza a jogos helyére.

Dave leva les yeux vers le conducteur, le suppliant silencieusement de rester dans les traces.

Dave felnézett a sofőrre, és magában könyörgött, hogy maradhasson a sínek között.

Le conducteur était perplexe, ne sachant pas quoi faire pour le chien en difficulté.

A sofőr zavarban volt, nem tudta, mitévő legyen a vergődő kutyával.

Les autres hommes parlaient de chiens qui étaient morts après avoir été emmenés dehors.

A többi férfi kutyákról beszélt, amelyek elpusztultak, miközben kivitték őket.

Ils ont parlé de chiens âgés ou blessés dont le cœur se brisait lorsqu'ils étaient abandonnés.

Öreg vagy sérült kutyákról meséltek, akiknek a szíve összetört, amikor magukra hagyták őket.

Ils ont convenu que c'était une preuve de miséricorde de laisser Dave mourir alors qu'il était encore dans son harnais.

Egyetértettek, hogy irgalomból hagyták Dave-et meghalni, miközben még a hámjában volt.

Il était attaché au traîneau et Dave tirait avec fierté.

Vissza volt kötözve a szánkóhoz, és Dave büszkén húzta.

Même s'il criait parfois, il travaillait comme si la douleur pouvait être ignorée.

Bár időnként felkiáltott, úgy dolgozott, mintha a fájdalmat figyelmen kívül lehetne hagyni.

Plus d'une fois, il est tombé et a été traîné avant de se relever.

Többször is elesett, és valaki vonszolta, mielőtt újra felkelt.

Un jour, le traîneau l'a écrasé et il a boité à partir de ce moment-là.

Egyszer átgurult rajta a szánkó, és attól a pillanattól kezdve sántikált.

Il travailla néanmoins jusqu'à ce qu'il atteigne le camp, puis s'allongea près du feu.

Mégis dolgozott, amíg el nem érte a tábort, majd lefeküdt a tűz mellé.

Le matin, Dave était trop faible pour voyager ou même se tenir debout.

Reggelre Dave túl gyenge volt ahhoz, hogy utazzon, vagy akár csak felegyenesedjen.

Au moment de l'attelage, il essaya d'atteindre son conducteur avec un effort tremblant.

Amikor be kellett kapcsolnia, remegő erőfeszítéssel próbálta elérni a sofőrjét.

Il se força à se relever, tituba et s'effondra sur le sol enneigé.

Feltápászkodott, megtántorodott, és a havas földre rogyott.

À l'aide de ses pattes avant, il a traîné son corps vers la zone de harnais.

Mellső lábait használva vonszolta a testét a hámozási terület felé.

Il s'avança, pouce par pouce, vers les chiens de travail.

Apró lépésekkel, centiméterről centiméterre haladt előre a munkáskutyák felé.

Ses forces l'abandonnèrent, mais il continua d'avancer dans sa dernière poussée désespérée.

Ereje elhagyta, de utolsó kétségbeesett mozdulatával továbbment.

Ses coéquipiers l'ont vu haleter dans la neige, impatients de les rejoindre.

Csapattársai látták, ahogy a hóban kapkodva kapkodja a levegőt, és még mindig vágyik rá, hogy csatlakozhasson hozzájuk.

Ils l'entendirent hurler de tristesse alors qu'ils quittaient le camp.

Hallották a bánatos üvöltését, miközben elhagyták a tábort.

Alors que l'équipe disparaissait dans les arbres, le cri de Dave résonna derrière eux.

Ahogy a csapat eltűnt a fák között, Dave kiáltása visszhangzott mögöttük.

Le train de traîneaux s'est brièvement arrêté après avoir traversé un tronçon de forêt fluviale.

A szánkóvonat rövid időre megállt, miután átkelt egy folyóparti erdősávon.

Le métis écossais retourna lentement vers le camp situé derrière lui.

A skót félvér lassan visszasétált a mögötte lévő tábor felé.

Les hommes ont arrêté de parler quand ils l'ont vu quitter le train de traîneaux.

A férfiak elhallgattak, amikor meglátták, hogy leszáll a szánkós vonatról.

Puis un coup de feu retentit clairement et distinctement de l'autre côté du sentier.

Aztán egyetlen lövés dördült tisztán és élesen át az ösvényen.

L'homme revint rapidement et reprit sa place sans un mot.

A férfi gyorsan visszatért, és szó nélkül elfoglalta a helyét.

Les fouets claquaient, les cloches tintaient et les traîneaux roulaient dans la neige.

Ostorok csattantak, csengők csilingeltek, és a szánkók gurultak tovább a hóban.

Mais Buck savait ce qui s'était passé, et tous les autres chiens aussi.

De Buck tudta, mi történt – és minden más kutya is.

Le travail des rênes et du sentier
A gyeplő és az ösvény fáradalmai

Trente jours après avoir quitté Dawson, le Salt Water Mail atteignit Skaguay.
Harminc nappal Dawson elhagyása után a Salt Water Mail megérkezett Skaguayba.

Buck et ses coéquipiers ont pris la tête, arrivant dans un état pitoyable.
Buck és csapattársai átvették a vezetést, szánalmas állapotban érkezve.

Buck était passé de cent quarante à cent quinze livres.
Buck száznegyvenről száztizenöt kilóra fogyott.

Les autres chiens, bien que plus petits, avaient perdu encore plus de poids.
A többi kutya, bár kisebb volt, még többet fogyott.

Pike, autrefois un faux boiteux, traînait désormais derrière lui une jambe véritablement blessée.
Pike, aki egykor csak álsántikált, most egy valóban sérült lábat vonszolt maga után.

Solleks boitait beaucoup et Dub avait une omoplate déchirée.
Solleks csúnyán sántított, Dubnak pedig megrándult a lapockája.

Tous les chiens de l'équipe avaient mal aux pieds après des semaines passées sur le sentier gelé.
A csapat minden kutyájának sajgott a lába a hetekig tartó fagyos ösvényen való tartózkodástól.

Ils n'avaient plus aucun ressort dans leurs pas, seulement un mouvement lent et traînant.
Lépteikben már nem volt ruganyosság, csak lassú, vonszoló mozgás.

Leurs pieds heurtent durement le sentier, chaque pas ajoutant plus de tension à leur corps.
Lábaik keményen nyomultak az ösvényen, minden egyes lépés egyre nagyobb terhelést jelentett a testüknek.

Ils n'étaient pas malades, seulement épuisés au-delà de toute guérison naturelle.

Nem voltak betegek, csak annyira kimerültek, hogy természetes úton semmivé fáradtak.

Ce n'était pas la fatigue d'une dure journée, guérie par une nuit de repos.

Ez nem egy nehéz nap fáradtsága volt, amit egy éjszakai pihenéssel gyógyíthattam.

C'était un épuisement qui s'était construit lentement au fil de mois d'efforts épuisants.

A kimerültség lassan, hónapokig tartó, kimerítő erőfeszítések során gyűlt össze.

Il ne leur restait plus aucune force de réserve : ils avaient épuisé toutes leurs forces.

Nem maradt tartalék erő – minden tartalékukat elhasználták.

Chaque muscle, chaque fibre et chaque cellule de leur corps étaient épuisés et usés.

Testük minden egyes izma, rostja és sejtje elhasználódott és elhasználódott.

Et il y avait une raison : ils avaient parcouru deux mille cinq cents kilomètres.

És volt is rá ok – kétezerötszáz mérföldet tettek meg.

Ils ne s'étaient reposés que cinq jours au cours des mille huit cents derniers kilomètres.

Az elmúlt tizennyolcszáz mérföld alatt mindössze öt napot pihentek.

Lorsqu'ils arrivèrent à Skaguay, ils semblaient à peine capables de se tenir debout.

Amikor Skaguay-ba értek, alig tudtak lábra állni.

Ils ont lutté pour garder les rênes serrées et rester devant le traîneau.

Küzdeniük kellett, hogy feszesen tartsák a gyeplőt, és a szán előtt maradjanak.

Dans les descentes, ils ont tout juste réussi à éviter d'être écrasés.

A lejtőkön csak az gázolást sikerült elkerülniük.

« Continuez, pauvres pieds endoloris », dit le chauffeur tandis qu'ils boitaient.

– Rajta, szegény, fájós lábacskáim! – mondta a sofőr, miközben sántikáltak.

« C'est la dernière ligne droite, après quoi nous aurons tous droit à un long repos, c'est sûr. »

„Ez az utolsó szakasz, aztán biztosan mindannyian kapunk egy hosszú pihenőt."

« Un très long repos », promit-il en les regardant avancer en titubant.

„Egy igazán hosszú pihenés" – ígérte, miközben nézte, ahogy tántorgó léptekkel előrehaladnak.

Les pilotes s'attendaient à bénéficier d'une longue pause bien méritée.

A sofőrök arra számítottak, hogy most egy hosszú, szükséges szünetet tartanak.

Ils avaient parcouru douze cents milles avec seulement deux jours de repos.

Ezerkétszáz mérföldet tettek meg mindössze kétnapi pihenővel.

Par souci d'équité et de raison, ils estimaient avoir mérité un temps de détente.

Joggal és észszerűen úgy érezték, hogy kiérdemeltek egy kis időt a pihenésre.

Mais trop de gens étaient venus au Klondike et trop peu étaient restés chez eux.

De túl sokan jöttek a Klondike-ba, és túl kevesen maradtak otthon.

Les lettres des familles ont afflué, créant des piles de courrier en retard.

Özönlöttek a családoktól érkező levelek, ami halmokban hozta létre a késedelmes postai küldeményeket.

Les ordres officiels sont arrivés : de nouveaux chiens de la Baie d'Hudson allaient prendre le relais.

Megérkeztek a hivatalos parancsok – új Hudson-öbölbeli kutyák vették át a hatalmat.

Les chiens épuisés, désormais considérés comme sans valeur, devaient être éliminés.

A kimerült, most már értéktelennek nevezett kutyákat meg kellett semmisíteni.

Comme l'argent comptait plus que les chiens, ils allaient être vendus à bas prix.

Mivel a pénz fontosabb volt a kutyáknál, olcsón akarták eladni őket.

Trois jours supplémentaires passèrent avant que les chiens ne ressentent à quel point ils étaient faibles.

Még három nap telt el, mire a kutyák igazán érezni kezdték, mennyire gyengék.

Le quatrième matin, deux hommes venus des États-Unis ont acheté toute l'équipe.

A negyedik reggelen két férfi az Államokból megvette az egész csapatot.

La vente comprenait tous les chiens, ainsi que leur harnais usagé.

Az eladás magában foglalta az összes kutyát, plusz a kopott hámjukat.

Les hommes s'appelaient mutuellement « Hal » et « Charles » lorsqu'ils concluaient l'affaire.

A férfiak „Hal"-nak és „Charles"-nak szólították egymást, miközben befejezték az üzletet.

Charles était d'âge moyen, pâle, avec des lèvres molles et des pointes de moustache féroces.

Károly középkorú, sápadt, petyhüdt ajkakkal és vad bajusszal rendelkezett.

Hal était un jeune homme, peut-être âgé de dix-neuf ans, portant une ceinture bourrée de cartouches.

Hal egy fiatalember volt, talán tizenkilenc, és töltényekkel tömött övet viselt.

La ceinture contenait un gros revolver et un couteau de chasse, tous deux inutilisés.

Az övön egy nagy revolver és egy vadászkés lapult, mindkettő használatlan.

Cela a montré à quel point il était inexpérimenté et inapte à la vie dans le Nord.

Ez megmutatta, mennyire tapasztalatlan és alkalmatlan az északi életre.

Aucun des deux hommes n'appartenait à la nature sauvage ; leur présence défiait toute raison.

Egyikük sem tartozott a vadonba; jelenlétük minden ésszerűséget felülmúlt.

Buck a regardé l'argent échanger des mains entre l'acheteur et l'agent.

Buck figyelte, ahogy a vevő és az ügynök között pénz cserélődik.

Il savait que les conducteurs du train postal allaient le quitter comme les autres.

Tudta, hogy a postavonat-vezetők ugyanúgy elhagyják az életét, mint bárki más.

Ils suivirent Perrault et François, désormais irrévocables.

Perrault-t és François-t követték, akiket mostanra már sehol sem lehetett megjegyezni.

Buck et l'équipe ont été conduits dans le camp négligé de leurs nouveaux propriétaires.

Buckot és a csapatot új tulajdonosaik hanyag táborába vezették.

La tente s'affaissait, la vaisselle était sale et tout était en désordre.

A sátor megereszkedett, a tányérok piszkosak voltak, és minden rendetlenül hevert.

Buck remarqua également une femme : Mercedes, la femme de Charles et la sœur de Hal.

Buck egy nőt is észrevett ott – Mercedest, Charles feleségét és Hal húgát.

Ils formaient une famille complète, bien que loin d'être adaptée au sentier.

Teljes családot alkottak, bár korántsem voltak alkalmasak az ösvényre.

Buck regarda nerveusement le trio commencer à emballer les fournitures.

Buck idegesen figyelte, ahogy a trió elkezdte pakolgatni a holmikat.

Ils ont travaillé dur mais sans ordre, juste du grabuge et des efforts gaspillés.

Keményen dolgoztak, de rend nélkül – csak felhajtás és hiábavaló erőfeszítés.

La tente a été roulée dans une forme volumineuse, beaucoup trop grande pour le traîneau.

A sátrat ormótlanra tekerték fel, túl nagyra a szánkónak.

La vaisselle sale a été emballée sans avoir été nettoyée ni séchée du tout.

A piszkos edényeket anélkül pakolták be, hogy egyáltalán megtisztították volna vagy megszárították volna őket.

Mercedes voltigeait, parlant constamment, corrigeant et intervenant.

Mercedes állandóan beszélt, javítgatott és beleavatkozott a dolgokba.

Lorsqu'un sac était placé à l'avant, elle insistait pour qu'il soit placé à l'arrière.

Amikor egy zsákot előre tettek, ragaszkodott hozzá, hogy hátulra kerüljön.

Elle a mis le sac au fond, et l'instant d'après, elle en avait besoin.

Bepakolta a zsákot az aljára, és a következő pillanatban szüksége is volt rá.

Le traîneau a donc été déballé à nouveau pour atteindre le sac spécifique.

Így hát a szánt újra kicsomagolták, hogy elérjék azt az egy bizonyos zsákot.

À proximité, trois hommes se tenaient devant une tente, observant la scène se dérouler.

A közelben három férfi állt egy sátor előtt, és figyelte a kibontakozó jelenetet.

Ils souriaient, faisaient des clins d'œil et souriaient à la confusion évidente des nouveaux arrivants.

Mosolyogtak, kacsintottak és vigyorogtak az újonnan érkezők nyilvánvaló zavarodottságán.

« Vous avez déjà une charge très lourde », dit l'un des hommes.

– Már így is elég nehéz a teher – mondta az egyik férfi.

« Je ne pense pas que tu devrais porter cette tente, mais c'est ton choix. »

„Szerintem nem kellene cipelned azt a sátrat, de ez a te döntésed."

« Inimaginable ! » s'écria Mercedes en levant les mains de désespoir.

– Álmodni sem mertem róla! – kiáltotta Mercedes, kétségbeesetten széttárva a kezét.

« Comment pourrais-je voyager sans une tente sous laquelle dormir ? »

„Hogyan tudnék utazni sátor nélkül, ami alatt megbújhatnék?"

« C'est le printemps, vous ne verrez plus jamais de froid », répondit l'homme.

„Tavasz van, nem fogsz többé hideget látni" – felelte a férfi.

Mais elle secoua la tête et ils continuèrent à empiler des objets sur le traîneau.

De a nő megrázta a fejét, és tovább pakolták a tárgyakat a szánkóba.

La charge s'élevait dangereusement alors qu'ils ajoutaient les dernières choses.

A rakomány veszélyesen magasra tornyosult, miközben az utolsó dolgokat is hozzáadták.

« Tu penses que le traîneau va rouler ? » demanda l'un des hommes avec un regard sceptique.

„Gondolod, hogy elmegy a szán?" – kérdezte az egyik férfi szkeptikus pillantással.

« Pourquoi pas ? » rétorqua Charles, vivement agacé.

– Miért ne? – csattant fel Charles éles bosszúsággal.

« Oh, ce n'est pas grave », dit rapidement l'homme, s'éloignant de l'offense.

– Ó, rendben van – mondta gyorsan a férfi, és elhárította a sértődést.

« Je me demandais juste – ça me semblait un peu trop lourd. »

„Csak azon tűnődtem – nekem egy kicsit túl nehéznek tűnt a teteje."

Charles se détourna et attacha la charge du mieux qu'il put.

Károly elfordult, és amennyire csak tudta, lekötözte a terhet.

Mais les attaches étaient lâches et l'emballage mal fait dans l'ensemble.

De a kötözés laza volt, és a csomagolás összességében rosszul volt elvégezve.

« Bien sûr, les chiens tireront ça toute la journée », a dit un autre homme avec sarcasme.

– Persze, a kutyák egész nap húzni fogják – mondta egy másik férfi gúnyosan.

« Bien sûr », répondit froidement Hal en saisissant le long mât du traîneau.

– Természetesen – felelte Hal hidegen, és megragadta a szán hosszú gearboxát.

D'une main sur le poteau, il faisait tournoyer le fouet dans l'autre.

Az egyik kezével a rúdon, a másikban az ostort lengette.

« Allons-y ! » cria-t-il. « Allez ! » exhortant les chiens à démarrer.

„Gyerünk!" – kiáltotta. „Gyerünk!" – sürgette a kutyákat, hogy induljanak.

Les chiens se sont penchés sur le harnais et ont tendu pendant quelques instants.

A kutyák beledőltek a hámba, és néhány pillanatig erőlködtek.

Puis ils s'arrêtèrent, incapables de déplacer d'un pouce le traîneau surchargé.

Aztán megálltak, képtelenek voltak egy tapodtat sem mozdítani a túlterhelt szánt.

« Ces brutes paresseuses ! » hurla Hal en levant le fouet pour les frapper.

„A lusta bestiák!" – kiáltotta Hal, és felemelte az ostort, hogy lecsapjon rájuk.

Mais Mercedes s'est précipitée et a saisi le fouet des mains de Hal.

De Mercedes odarohant, és kikapta Hal kezéből az ostort.

« Oh, Hal, n'ose pas leur faire de mal », s'écria-t-elle, alarmée.

– Ó, Hal, ne merészeld bántani őket! – kiáltotta riadtan.

« Promets-moi que tu seras gentil avec eux, sinon je n'irai pas plus loin. »

„Ígérd meg, hogy kedves leszel hozzájuk, különben egy tapodtat sem megyek tovább."

« Tu ne connais rien aux chiens », lança Hal à sa sœur.

– Semmit sem tudsz a kutyákról! – csattant fel Hal a húgára.

« Ils sont paresseux, et la seule façon de les déplacer est de les fouetter. »

„Lusták, és az egyetlen módja annak, hogy megmozdítsuk őket, az az, ha megkorbácsoljuk őket."

« Demandez à n'importe qui, demandez à l'un de ces hommes là-bas si vous doutez de moi. »

„Kérdezz meg bárkit – kérdezz meg egyet azoktól az emberektől ott, ha kételkedsz bennem."

Mercedes regarda les spectateurs avec des yeux suppliants et pleins de larmes.

Mercedes könyörgő, könnyes szemekkel nézett a bámészkodókra.

Son visage montrait à quel point elle détestait la vue de la douleur.

Az arcán látszott, mennyire gyűlöli a fájdalom látványát.

« Ils sont faibles, c'est tout », dit un homme. « Ils sont épuisés. »

„Gyengék, ennyi az egész" – mondta az egyik férfi. „Elfáradtak."

« Ils ont besoin de repos, ils ont travaillé trop longtemps sans pause. »

„Pihenésre van szükségük – túl sokáig dolgoztatták őket szünet nélkül."

« Que le repos soit maudit », murmura Hal, la lèvre retroussée.

– A többiek átkozottak legyenek! – motyogta Hal felkunkorodott ajakkal.

Mercedes haleta, clairement peinée par ce mot grossier de sa part.

Mercedes felnyögött, láthatóan fájt neki a durva szó tőle.

Pourtant, elle est restée loyale et a immédiatement défendu son frère.

Ennek ellenére hűséges maradt, és azonnal megvédte a testvérét.

« Ne fais pas attention à cet homme », dit-elle à Hal. « Ce sont nos chiens. »

– Ne törődj azzal az emberrel – mondta Halnak. – Ők a mi kutyáink.

« Vous les conduisez comme bon vous semble, faites ce que vous pensez être juste. »

„Úgy vezeted őket, ahogy jónak látod – tedd, amit helyesnek látsz."

Hal leva le fouet et frappa à nouveau les chiens sans pitié.

Hal felemelte az ostort, és könyörtelenül ismét megütötte a kutyákat.

Ils se sont précipités en avant, le corps bas, les pieds poussant dans la neige.

Előrevetődtek, testük laposan, lábuk a hóba nyomódott.

Toutes leurs forces étaient utilisées pour tirer, mais le traîneau ne bougeait pas.

Minden erejüket a húzásra fordították, de a szánkó nem mozdult.

Le traîneau est resté coincé, comme une ancre figée dans la neige tassée.

A szánkó ott ragadt, mint egy belefagyott horgony a döngölt hóba.

Après un deuxième effort, les chiens s'arrêtèrent à nouveau, haletants.

Egy második erőfeszítés után a kutyák ismét megálltak, lihegve.

Hal leva à nouveau le fouet, juste au moment où Mercedes intervenait à nouveau.

Hal ismét felemelte az ostort, éppen akkor, amikor Mercedes ismét közbeavatkozott.

Elle tomba à genoux devant Buck et lui serra le cou.

Térdre rogyott Buck előtt, és átölelte a nyakát.

Les larmes lui montèrent aux yeux tandis qu'elle suppliait le chien épuisé.

Könnyek szöktek a szemébe, miközben könyörgött a kimerült kutyának.

« Pauvres chéris », dit-elle, « pourquoi ne tirez-vous pas plus fort ? »

– Szegény drágáim – mondta –, miért nem húzzátok csak erősebben?

« Si tu tires, tu ne seras pas fouetté comme ça. »

„Ha húzol, akkor nem fognak így megkorbácsolni."

Buck n'aimait pas Mercedes, mais il était trop fatigué pour lui résister maintenant.

Buck nem szerette Mercedest, de most már túl fáradt volt ahhoz, hogy ellenálljon neki.

Il accepta ses larmes comme une simple partie de cette journée misérable.

A könnyeit csupán a nyomorúságos nap egy újabb részének fogadta.

L'un des hommes qui regardaient a finalement parlé après avoir retenu sa colère.

Az egyik figyelő férfi végre megszólalt, miután visszafojtotta a haragját.

« Je me fiche de ce qui vous arrive, mais ces chiens comptent. »

„Nem érdekel, mi történik veletek, de azok a kutyák számítanak."

« Si vous voulez aider, détachez ce traîneau, il est gelé dans la neige. »

„Ha segíteni akarsz, tedd tönkre azt a szánt – hóhoz fagyott."

« Appuyez fort sur la perche, à droite et à gauche, et brisez le sceau de glace. »

„Nyomd meg erősen a gerendarudat jobbra-balra, és törd át a jégzárat."

Une troisième tentative a été faite, cette fois-ci suite à la suggestion de l'homme.

Harmadszorra is próbálkoztak, ezúttal a férfi javaslatára.

Hal a balancé le traîneau d'un côté à l'autre, libérant les patins.

Hal jobbra-balra ringatta a szánt, kioldva a talpakat.

Le traîneau, bien que surchargé et maladroit, a finalement fait un bond en avant.

A szánkó, bár túlterhelt és esetlen volt, végül előrelendült.

Buck et les autres tiraient sauvagement, poussés par une tempête de coups de fouet.

Buck és a többiek vadul húztak, az ostorcsapások vihara hajtotta őket.

Une centaine de mètres plus loin, le sentier courbait et descendait en pente dans la rue.

Száz méterrel előttük az ösvény kanyargott és lejtős lett az utcába.

Il aurait fallu un conducteur expérimenté pour maintenir le traîneau droit.

Egy ügyes hajtóra lett volna szükség ahhoz, hogy a szánt egyenesen tartsa.

Hal n'était pas habile et le traîneau a basculé en tournant dans le virage.

Hal nem volt ügyes, és a szánkó felborult, amikor a kanyarban lengett.

Les sangles lâches ont cédé et la moitié de la charge s'est répandue sur la neige.

A laza kötözőelemek elszabadultak, és a rakomány fele a hóra ömlött.

Les chiens ne s'arrêtèrent pas ; le traîneau le plus léger volait sur le côté.

A kutyák nem álltak meg; a könnyebb szán oldalára dőlve repült tovább.

En colère à cause des mauvais traitements et du lourd fardeau, les chiens couraient plus vite.

A bántalmazás és a nehéz teher miatt dühösen a kutyák gyorsabban futottak.

Buck, furieux, s'est mis à courir, suivi par l'équipe.

Buck dühösen futásnak eredt, a csapat pedig a nyomában volt.

Hal a crié « Whoa ! Whoa ! » mais l'équipe ne lui a pas prêté attention.

Hal felkiáltott: „Hűha! Hűha!", de a csapat ügyet sem vetett rá.

Il a trébuché, est tombé et a été traîné au sol par le harnais.

Megbotlott, elesett, és a hámja magával rántotta a földön.

Le traîneau renversé l'a heurté tandis que les chiens couraient devant.

A felborult szán átütközött rajta, miközben a kutyák előreszaladtak.

Le reste des fournitures est dispersé dans la rue animée de Skaguay.

A többi készlet szétszórva hevert Skaguay forgalmas utcáján.

Des personnes au grand cœur se sont précipitées pour arrêter les chiens et rassembler le matériel.

Jószívű emberek siettek megállítani a kutyákat és összeszedni a felszerelést.

Ils ont également donné des conseils, directs et pratiques, aux nouveaux voyageurs.

Emellett őszinte és gyakorlatias tanácsokat adtak az új utazóknak.

« Si vous voulez atteindre Dawson, prenez la moitié du chargement et doublez les chiens. »

„Ha el akarsz jutni Dawsonba, vidd a rakomány felét és a kutyák dupláját."

Hal, Charles et Mercedes écoutaient, mais sans enthousiasme.

Hal, Charles és Mercedes hallgatták, bár nem lelkesedéssel.

Ils ont installé leur tente et ont commencé à trier leurs provisions.

Felverték a sátrat, és elkezdték átválogatni a holmijukat.

Des conserves sont sorties, ce qui a fait rire les spectateurs.

Konzervek kerültek elő, amin a bámészkodók hangosan felnevettek.

« Des conserves sur le sentier ? Tu vas mourir de faim avant qu'elles ne fondent », a dit l'un d'eux.

„Konzerv az ösvényen? Éhen halsz, mielőtt elolvadna" – mondta az egyik.

« Des couvertures d'hôtel ? Tu ferais mieux de toutes les jeter. »

„Szállodai takarók? Jobban jársz, ha mindet kidobod."

« Laissez tomber la tente aussi, et personne ne fait la vaisselle ici. »

„Hagyd el a sátrat is, és itt senki sem mosogat."

« Tu crois que tu voyages dans un train Pullman avec des domestiques à bord ? »

„Azt hiszed, egy Pullman vonaton utazol, amiben szolgák vannak?"

Le processus a commencé : chaque objet inutile a été jeté de côté.

A folyamat elkezdődött – minden haszontalan tárgyat félredobtak.

Mercedes a pleuré lorsque ses sacs ont été vidés sur le sol enneigé.

Mercedes sírt, amikor a táskáit a havas földre ürítették.

Elle sanglotait sur chaque objet jeté, un par un, sans pause.

Minden egyes kidobott tárgyon zokogott, egyesével, szünet nélkül.

Elle jura de ne plus faire un pas de plus, même pas pendant dix Charles.

Megfogadta, hogy egy lépést sem tesz többet – még tíz Charlesért sem.

Elle a supplié chaque personne à proximité de la laisser garder ses objets précieux.

Könyörgött mindenkinek, aki a közelben állt, hogy hadd tartsa meg a drága holmijait.

Finalement, elle s'essuya les yeux et commença à jeter même les vêtements essentiels.

Végül megtörölte a szemét, és még a létfontosságú ruháit is elkezdte dobálni.

Une fois les siennes terminées, elle commença à vider les provisions des hommes.

Miután végzett a sajátjával, elkezdte kiüríteni a férfiak készleteit.

Comme un tourbillon, elle a déchiré les affaires de Charles et Hal.

Mint egy forgószél, úgy rohant át Charles és Hal holmijain.

Même si la charge était réduite de moitié, elle était encore bien plus lourde que nécessaire.

Bár a rakományt a felére csökkentették, még mindig sokkal nehezebb volt a kelleténél.

Cette nuit-là, Charles et Hal sont sortis et ont acheté six nouveaux chiens.

Azon az estén Charles és Hal elmentek, és hat új kutyát vettek.

Ces nouveaux chiens ont rejoint les six originaux, plus Teek et Koona.

Ezek az új kutyák csatlakoztak az eredeti hathoz, plusz Teekhez és Koonához.

Ensemble, ils formaient une équipe de quatorze chiens attelés au traîneau.

Együtt alkottak egy tizennégy kutyából álló csapatot, amelyet a szánhoz kötöttek.

Mais les nouveaux chiens n'étaient pas aptes et mal entraînés au travail en traîneau.

De az új kutyák alkalmatlanok és rosszul képzettek voltak a szánhúzásra.

Trois des chiens étaient des pointeurs à poil court et un était un Terre-Neuve.

A kutyák közül három rövid szőrű vizsla, egy pedig újfundlandi volt.

Les deux derniers chiens étaient des bâtards sans race ni objectif clairement définis.

Az utolsó két kutya olyan korcs volt, amelyeknek semmilyen egyértelmű fajtája vagy céljuk nem volt.

Ils n'ont pas compris le sentier et ne l'ont pas appris rapidement.

Nem értették az ösvényt, és nem is tanulták meg gyorsan.

Buck et ses compagnons les regardaient avec mépris et une profonde irritation.

Buck és társai megvetéssel és mély ingerültséggel figyelték őket.

Bien que Buck leur ait appris ce qu'il ne fallait pas faire, il ne pouvait pas leur enseigner le devoir.

Bár Buck megtanította nekik, mit ne tegyenek, a kötelességtudatra nem taníthatta meg őket.

Ils n'ont pas bien supporté la vie sur les sentiers ni la traction des rênes et des traîneaux.

Nem szerették az élet nyomában járni, vagy a gyeplő és a szánkó vontatását.

Seuls les bâtards essayaient de s'adapter, et même eux manquaient d'esprit combatif.

Csak a korcsok próbáltak alkalmazkodni, és még tőlük is hiányzott a harci szellem.

Les autres chiens étaient confus, affaiblis et brisés par leur nouvelle vie.

A többi kutya összezavarodott, legyengült és megtört volt az új életétől.

Les nouveaux chiens étant désemparés et les anciens épuisés, l'espoir était mince.

Mivel az új kutyák fogalmatlanok, a régiek pedig kimerültek, a remény szerény volt.

L'équipe de Buck avait parcouru deux mille cinq cents kilomètres de sentiers difficiles.

Buck csapata kétezer-ötszáz mérföldnyi rögös ösvényt tett meg.

Pourtant, les deux hommes étaient joyeux et fiers de leur grande équipe de chiens.

A két férfi mégis vidám volt, és büszke a nagy kutyacsapatára.

Ils pensaient voyager avec style, avec quatorze chiens attelés.

Azt hitték, stílusosan utaznak, tizennégy kutyával befogva.

Ils avaient vu des traîneaux partir pour Dawson, et d'autres en arriver.

Látták, hogy a szánkók elindulnak Dawsonba, és mások megérkeznek onnan.

Mais ils n'en avaient jamais vu un tiré par quatorze chiens.

De még soha nem láttak olyat, amit tizennégy kutya húzott volna.

Il y avait une raison pour laquelle de telles équipes étaient rares dans la nature sauvage de l'Arctique.

Volt ok arra, hogy az ilyen csapatok ritkák voltak az arktiszi vadonban.

Aucun traîneau ne pouvait transporter suffisamment de nourriture pour nourrir quatorze chiens pendant le voyage.

Egyetlen szán sem tudott annyi élelmet szállítani, hogy tizennégy kutyát is megetethessen az útra.

Mais Charles et Hal ne le savaient pas : ils avaient fait le calcul.

De Charles és Hal ezt nem tudták – ők már kiszámolták.

Ils ont planifié la nourriture : tant par chien, tant de jours, et c'est fait.

Ceruzával kiszámolták az ételt: ennyi kutyánként, ennyi napra, ennyi időre.

Mercedes regarda leurs chiffres et hocha la tête comme si cela avait du sens.

Mercedes a számokra nézett, és bólintott, mintha érthető lenne a dolog.

Tout cela lui semblait très simple, du moins sur le papier.

Minden nagyon egyszerűnek tűnt számára, legalábbis papíron.

Le lendemain matin, Buck conduisit lentement l'équipe dans la rue enneigée.

Másnap reggel Buck lassan felvezette a csapatot a havas utcán.

Il n'y avait aucune énergie ni aucun esprit en lui ou chez les chiens derrière lui.

Sem benne, sem a mögötte lévő kutyákban nem volt energia vagy szellem.

Ils étaient épuisés dès le départ, il n'y avait plus de réserve.

Már a legelejétől fogva halálosan fáradtak voltak – nem maradt semmi tartalék.

Buck avait déjà effectué quatre voyages entre Salt Water et Dawson.

Buck már négy utat tett meg Salt Water és Dawson között.

Maintenant, confronté à nouveau à la même épreuve, il ne ressentait que de l'amertume.

Most, hogy újra ugyanazzal az ösvénnyel kellett szembenéznie, semmi mást nem érzett, csak keserűséget.

Son cœur n'y était pas, ni celui des autres chiens.

A szíve nem volt benne, ahogy a többi kutya szíve sem.

Les nouveaux chiens étaient timides et les huskies manquaient totalement de confiance.

Az új kutyák félénkek voltak, a huskyk pedig teljesen megbízhatatlanok.

Buck sentait qu'il ne pouvait pas compter sur ces deux hommes ou sur leur sœur.

Buck érezte, hogy nem számíthat erre a két férfira vagy a húgukra.

Ils ne savaient rien et ne montraient aucun signe d'apprentissage sur le sentier.

Semmit sem tudtak, és az ösvényen sem mutattak tanulási jeleit.

Ils étaient désorganisés et manquaient de tout sens de la discipline.

Rendetlenek voltak és hiányzott belőlük a fegyelem.

Il leur fallait à chaque fois la moitié de la nuit pour monter un campement bâclé.

Minden alkalommal fél éjszaka kellett hozzá, hogy rendetlenül tábort verjenek.

Et ils passèrent la moitié de la matinée suivante à tâtonner à nouveau avec le traîneau.

És a következő délelőtt felét megint a szánnal babrálva töltötték.

À midi, ils s'arrêtaient souvent juste pour réparer la charge inégale.

Délre gyakran már csak azért is megálltak, hogy kijavítsák az egyenetlen terhelést.

Certains jours, ils parcouraient moins de dix milles au total.

Voltak napok, amikor összesen kevesebb mint tíz mérföldet tettek meg.

D'autres jours, ils ne parvenaient pas du tout à quitter le camp.

Más napokon egyáltalán nem sikerült elhagyniuk a tábort.

Ils n'ont jamais réussi à couvrir la distance alimentaire prévue.

Soha nem kerültek a tervezett élelemszerzési távolság megtételének közelébe.

Comme prévu, ils ont très vite manqué de nourriture pour les chiens.

Ahogy az várható volt, nagyon gyorsan elfogyott az élelem a kutyáknak.

Ils ont aggravé la situation en les suralimentant au début.

A helyzetet tovább rontották azzal, hogy az első napokban túletették őket.

À chaque ration négligée, la famine se rapprochait.

Ez minden egyes gondatlan adaggal közelebb hozta az éhezést.

Les nouveaux chiens n'avaient pas appris à survivre avec très peu.

Az új kutyák nem tanulták meg, hogyan éljenek túl nagyon kevésből.

Ils mangeaient avec faim, avec un appétit trop grand pour le sentier.

Éhesen ettek, túl nagy étvágyuk volt az ösvényhez.

Voyant les chiens s'affaiblir, Hal pensait que la nourriture n'était pas suffisante.

Látva a kutyák legyengülését, Hal úgy gondolta, hogy az étel nem elég.

Il a doublé les rations, rendant l'erreur encore pire.

Megduplázta az adagokat, amivel még súlyosbította a hibát.

Mercedes a aggravé le problème avec ses larmes et ses douces supplications.

Mercedes könnyeivel és halk könyörgésével tetézte a problémát.

Comme elle n'arrivait pas à convaincre Hal, elle nourrissait les chiens en secret.

Amikor nem tudta meggyőzni Halt, titokban megetette a kutyákat.

Elle a volé des sacs de poissons et les leur a donnés dans son dos.

Lopott a halaszsákokból, és a férfi háta mögött odaadta nekik.

Mais ce dont les chiens avaient réellement besoin, ce n'était pas de plus de nourriture, mais de repos.

De a kutyáknak igazán nem több ételre volt szükségük, hanem pihenésre.

Ils progressaient mal, mais le lourd traîneau continuait à avancer.

Gyengén haladtak, de a nehéz szán még mindig vonszolta magát.

Ce poids à lui seul épuisait chaque jour leurs forces restantes.

Már csak ez a súly is kiszívta a maradék erejüket minden egyes nap.

Puis vint l'étape de la sous-alimentation, les réserves s'épuisant.

Aztán jött az alultápláltság szakasza, mivel a készletek fogytán voltak.

Un matin, Hal s'est rendu compte que la moitié de la nourriture pour chien avait déjà disparu.

Hal egy reggel rájött, hogy a kutyatáp fele már elfogyott.

Ils n'avaient parcouru qu'un quart de la distance totale du sentier.

A teljes ösvény távolságának csak egynegyedét tették meg.

On ne pouvait plus acheter de nourriture, quel que soit le prix proposé.

Több élelmet nem lehetett venni, bármilyen árat is ajánlottak érte.

Il a réduit les portions des chiens en dessous de la ration quotidienne standard.

A kutyák adagjait a szokásos napi adag alá csökkentette.

Dans le même temps, il a exigé des voyages plus longs pour compenser la perte.

Ugyanakkor hosszabb utazást követelt a veszteség pótlására.

Mercedes et Charles ont soutenu ce plan, mais ont échoué dans son exécution.

Mercedes és Charles támogatták ezt a tervet, de a végrehajtás kudarcot vallott.

Leur lourd traîneau et leur manque de compétences rendaient la progression presque impossible.

Nehéz szánjuk és a képességek hiánya szinte lehetetlenné tette az előrehaladást.

Il était facile de donner moins de nourriture, mais impossible de forcer plus d'efforts.

Könnyű volt kevesebb ételt adni, de lehetetlen volt több erőfeszítésre kényszeríteni.

Ils ne pouvaient pas commencer plus tôt, ni voyager pendant des heures supplémentaires.

Nem kezdhettek korán, és nem utazhattak túlórákat sem.

Ils ne savaient pas comment travailler les chiens, ni eux-mêmes d'ailleurs.

Nem tudták, hogyan kell dolgozni a kutyákkal, sőt, még magukat sem.

Le premier chien à mourir était Dub, le voleur malchanceux mais travailleur.

Az első kutya, amelyik meghalt, Dub volt, a balszerencsés, de szorgalmas tolvaj.

Bien que souvent puni, Dub avait fait sa part sans se plaindre.

Bár gyakran megbüntették, Dub panasz nélkül helytállt.

Son épaule blessée s'est aggravée sans qu'il soit nécessaire de prendre soin de lui et de se reposer.

Sérült válla ellátás és pihenés nélkül egyre rosszabb lett.

Finalement, Hal a utilisé le revolver pour mettre fin aux souffrances de Dub.

Végül Hal a revolverrel vetett véget Dub szenvedéseinek.

Un dicton courant dit que les chiens normaux meurent à cause des rations de husky.

Egy közmondás szerint a normális kutyák husky takarmányon pusztulnak el.

Les six nouveaux compagnons de Buck n'avaient que la moitié de la part de nourriture du husky.

Buck hat új társa csak a husky adagjának a felét kapta.

Le Terre-Neuve est mort en premier, puis les trois braques à poil court.

Először az újfundlandi pusztult el, majd a három rövidszőrű vizsla.

Les deux bâtards résistèrent plus longtemps mais finirent par périr comme les autres.

A két korcs kutya tovább kitartott, de végül a többiekhez hasonlóan elpusztult.

À cette époque, toutes les commodités et la douceur du Southland avaient disparu.

Ekkorra már a Délvidék minden kényelme és szelídsége eltűnt.

Les trois personnes avaient perdu les dernières traces de leur éducation civilisée.

A három ember magától lerázta magáról civilizált neveltetésének utolsó nyomait is.

Dépouillé de glamour et de romantisme, le voyage dans l'Arctique est devenu brutalement réel.

A csillogástól és romantikától megfosztva a sarkvidéki utazás brutálisan valósággá vált.

C'était une réalité trop dure pour leur sens de la virilité et de la féminité.

Ez a valóság túl kemény volt a férfiasságukról és nőiességükről alkotott képükhöz képest.

Mercedes ne pleurait plus pour les chiens, mais maintenant elle pleurait seulement pour elle-même.

Mercedes már nem a kutyákat siratta, hanem csak önmagát.

Elle passait son temps à pleurer et à se disputer avec Hal et Charles.

Az idejét sírással és Hal-lal és Charles-szal való veszekedéssel töltötte.

Se disputer était la seule chose qu'ils n'étaient jamais trop fatigués de faire.

A veszekedés volt az egyetlen dolog, amihez sosem voltak túl fáradtak.

Leur irritabilité provenait de la misère, grandissait avec elle et la surpassait.

Ingerlékenységük a nyomorúságból fakadt, vele együtt nőtt, és meghaladta azt.

La patience du sentier, connue de ceux qui peinent et souffrent avec bienveillance, n'est jamais venue.

Az ösvény türelme, melyet azok ismernek, akik kedvesen fáradoznak és szenvednek, soha nem jött el.

Cette patience, qui garde la parole douce malgré la douleur, leur était inconnue.

Az a türelem, amely a fájdalom közepette is édessé teszi a beszédet, ismeretlen volt előttük.

Ils n'avaient aucune trace de patience, aucune force tirée de la souffrance avec grâce.

Semmi türelem nem volt bennük, semmi erő nem merített a kegyelemmel teli szenvedésből.

Ils étaient raides de douleur : leurs muscles, leurs os et leur cœur étaient douloureux.

Fájdalomtól merevek voltak – sajgott az izmaik, a csontjaik és a szívük.

À cause de cela, ils devinrent acerbes et prompts à prononcer des paroles dures.

Emiatt éles nyelvűek és gyorsak lettek a kemény szavakkal.

Chaque jour commençait et se terminait par des voix en colère et des plaintes amères.

Minden nap dühös hangokkal és keserű panaszokkal kezdődött és végződött.

Charles et Hal se disputaient chaque fois que Mercedes leur en donnait l'occasion.

Charles és Hal mindig vitatkoztak, amikor Mercedes lehetőséget adott nekik.

Chaque homme estimait avoir fait plus que sa juste part du travail.

Minden férfi úgy gondolta, hogy többet végzett, mint amennyit méltányos részük rá hárult.

Aucun des deux n'a jamais manqué une occasion de le dire, encore et encore.

Egyikük sem szalasztotta el a lehetőséget, hogy újra meg újra elmondja.

Parfois, Mercedes se rangeait du côté de Charles, parfois du côté de Hal.

Mercedes néha Charles, néha Hal oldalára állt.

Cela a conduit à une grande et interminable querelle entre les trois.

Ez egy nagy és véget nem érő veszekedéshez vezetett a három között.

Une dispute sur la question de savoir qui devait couper le bois de chauffage est devenue incontrôlable.

A vita arról, hogy kinek kellene tűzifát aprítania, elfajult.

Bientôt, les pères, les mères, les cousins et les parents décédés ont été nommés.

Hamarosan apákat, anyákat, unokatestvéreket és halott rokonokat neveztek meg.

Les opinions de Hal sur l'art ou les pièces de son oncle sont devenues partie intégrante du combat.

Hal művészetről vagy nagybátyja darabjairól alkotott nézetei a harc részévé váltak.

Les convictions politiques de Charles sont également entrées dans le débat.

Károly politikai nézetei is vitába keveredtek.

Pour Mercedes, même les ragots de la sœur de son mari semblaient pertinents.

Mercedes számára még a férje húgának pletykái is relevánsnak tűntek.

Elle a exprimé son opinion sur ce sujet et sur de nombreux défauts de la famille de Charles.

Véleményt nyilvánított erről és Charles családjának számos hibájáról.

Pendant qu'ils se disputaient, le feu restait éteint et le camp à moitié monté.

Miközben vitatkoztak, a tűz nem gyújtott, és a tábor félig készen állt.

Pendant ce temps, les chiens restaient froids et sans nourriture.

Eközben a kutyák fáztak és ennivaló nélkül maradtak.

Mercedes avait un grief qu'elle considérait comme profondément personnel.

Mercedesnek volt egy sérelme, amit mélyen személyesnek tartott.

Elle se sentait maltraitée en tant que femme, privée de ses doux privilèges.

Úgy érezte, hogy nőként rosszul bánnak vele, megfosztják tőle a nemes kiváltságait.

Elle était jolie et douce, et habituée à la chevalerie toute sa vie.

Csinos és gyengéd volt, és egész életében lovagias volt.

Mais son mari et son frère la traitaient désormais avec impatience.

De a férje és a bátyja most türelmetlenül bántak vele.

Elle avait pour habitude d'agir comme si elle était impuissante, et ils commencèrent à se plaindre.

Szokása az volt, hogy tehetetlenül viselkedett, és a gyerekek panaszkodni kezdtek.

Offensée par cela, elle leur rendit la vie encore plus difficile.

Ezen megsértődve még jobban megnehezítette az életüket.

Elle a ignoré les chiens et a insisté pour conduire elle-même le traîneau.

Nem törődött a kutyákkal, és ragaszkodott hozzá, hogy ő maga üljön a szánon.

Bien que légère en apparence, elle pesait cent vingt livres.

Bár könnyű volt a külseje, százhúsz fontot nyomott.

Ce fardeau supplémentaire était trop lourd pour les chiens affamés et faibles.

Ez a plusz teher túl sok volt az éhező, gyenge kutyáknak.

Elle a continué à monter pendant des jours, jusqu'à ce que les chiens s'effondrent sous les rênes.

Mégis napokig lovagolt, mígnem a kutyák összeestek a gyeplőben.

Le traîneau s'arrêta et Charles et Hal la supplièrent de marcher.

A szán megállt, Charles és Hal pedig könyörögtek neki, hogy menjen tovább.

Ils la supplièrent et la supplièrent, mais elle pleura et les traita de cruels.

Könyörögtek és könyörögtek, de ő sírt és kegyetlennek nevezte őket.

À une occasion, ils l'ont tirée du traîneau avec force et colère.

Egyszer puszta erővel és dühvel lerántották a szánról.

Ils n'ont plus jamais essayé après ce qui s'est passé cette fois-là.

A történtek után soha többé nem próbálkoztak.

Elle devint molle comme un enfant gâté et s'assit dans la neige.

Elernyedt, mint egy elkényeztetett gyerek, és leült a hóba.

Ils continuèrent leur chemin, mais elle refusa de se lever ou de les suivre.

Továbbmentek, de a lány nem volt hajlandó felkelni vagy követni őket.

Après trois milles, ils s'arrêtèrent, revinrent et la ramenèrent.

Három mérföld után megálltak, visszatértek, és visszavitték.

Ils l'ont rechargée sur le traîneau, en utilisant encore une fois la force brute.

Újra felrakták a szánra, ismét nyers erőt bevetve.

Dans leur profonde misère, ils étaient insensibles à la souffrance des chiens.

Mély nyomorúságukban érzéketlenek voltak a kutyák szenvedésével szemben.

Hal croyait qu'il fallait s'endurcir et il a imposé cette croyance aux autres.

Hal úgy hitte, hogy az embernek meg kell keményednie, és ezt a hitet másokra is ráerőltette.

Il a d'abord essayé de prêcher sa philosophie à sa sœur

Először a nővérének próbálta hirdetni a filozófiáját.

et puis, sans succès, il prêcha à son beau-frère.

majd sikertelenül prédikált a sógorának.

Il a eu plus de succès avec les chiens, mais seulement parce qu'il leur a fait du mal.

A kutyákkal több sikert ért el, de csak azért, mert fájdalmat okozott nekik.

Chez Five Fingers, la nourriture pour chiens est complètement épuisée.

A Five Fingersnél a kutyatáp teljesen kifogyott.

Une vieille squaw édentée a vendu quelques kilos de peau de cheval congelée

Egy fogatlan öreg squaw eladott néhány font fagyasztott lóbőrt

Hal a échangé son revolver contre la peau de cheval séchée.

Hal elcserélte revolverét a szárított lóbőrre.

La viande provenait de chevaux affamés d'éleveurs de bétail des mois auparavant.

A hús hónapokkal korábban éhen halt marhatenyésztők lovaitól származott.

Gelée, la peau était comme du fer galvanisé ; dure et immangeable.

A megfagyott bőr olyan volt, mint a horganyzott vas; kemény és ehetetlen.

Les chiens devaient mâcher la peau sans fin pour la manger.

A kutyáknak vég nélkül kellett rágniuk a bőrt, hogy megegyék.

Mais les cordes en cuir et les cheveux courts n'étaient guère une nourriture.

De a bőrszerű húrok és a rövid haj aligha voltak táplálóak.

La majeure partie de la peau était irritante et ne constituait pas véritablement de la nourriture.

A bőr nagy része irritáló volt, és nem igazi étel.

Et pendant tout ce temps, Buck titubait en tête, comme dans un cauchemar.

És mindezek alatt Buck elöl tántorgott, mint egy rémálomban.

Il tirait quand il le pouvait ; quand il ne le pouvait pas, il restait allongé jusqu'à ce qu'un fouet ou un gourdin le relève.

Amikor tudta, húzta; amikor nem, addig feküdt, amíg az ostor vagy a bot fel nem emelte.

Son pelage fin et brillant avait perdu toute sa rigidité et son éclat d'autrefois.

Finom, fényes bundája elvesztette minden merevségét és fényét, ami valaha volt.

Ses cheveux pendaient, mous, en bataille et coagulés par le sang séché des coups.

Haja ernyedten, kócosan lógott, és az ütésektől megszáradt vértől alvadt.

Ses muscles se sont réduits à l'état de cordes et ses coussinets de chair étaient tous usés.

Izmai zsinórrá zsugorodtak, és a húspárnái mind elkoptak.

Chaque côte, chaque os apparaissait clairement à travers les plis de la peau ridée.

Minden borda, minden csont tisztán látszott a ráncos bőr redői között.

C'était déchirant, mais le cœur de Buck ne pouvait pas se briser.

Szívszorító volt, de Buck szíve nem tudott megtörni.

L'homme au pull rouge avait testé cela et l'avait prouvé il y a longtemps.

A piros pulóveres férfi ezt már régen bebizonyította és kipróbálta.

Comme ce fut le cas pour Buck, ce fut le cas pour tous ses coéquipiers restants.

Ahogy Buckkal történt, úgy volt ez az összes megmaradt csapattársával is.

Il y en avait sept au total, chacun étant un squelette ambulant de misère.

Összesen heten voltak, mindegyik a nyomorúság élő csontváza.

Ils étaient devenus insensibles au fouet, ne ressentant qu'une douleur lointaine.

Elzsibbadtak az ostorcsapásoktól, csak távoli fájdalmat éreztek.

Même la vue et le son leur parvenaient faiblement, comme à travers un épais brouillard.

Még a látvány és a hang is halványan ért el hozzájuk, mintha sűrű ködön keresztül.

Ils n'étaient pas à moitié vivants : c'étaient des os avec de faibles étincelles à l'intérieur.

Nem voltak félig élők – csontok voltak, bennük halvány szikrák csillogtak.

Lorsqu'ils s'arrêtèrent, ils s'effondrèrent comme des cadavres, leurs étincelles presque éteintes.

Amikor megálltak, holttestekként rogytak össze, szikráik szinte kialudtak.

Et lorsque le fouet ou le gourdin frappaient à nouveau, les étincelles voltigeaient faiblement.

És amikor az ostor vagy a bot újra lecsapott, a szikrák gyengén lobogtak.

Puis ils se levèrent, titubèrent en avant et traînèrent leurs membres en avant.

Aztán felálltak, előretántorodtak, és a végtagjaikat vonszolva maguk után indultak.

Un jour, le gentil Billee tomba et ne put plus se relever du tout.

Egy nap a kedves Billee elesett, és már egyáltalán nem tudott felkelni.

Hal avait échangé son revolver, alors il a utilisé une hache pour tuer Billee à la place.

Hal elcserélte a revolverét, ezért inkább egy fejszével ölte meg Billee-t.

Il le frappa à la tête, puis lui coupa le corps et le traîna.

Fejbe ütötte, majd levágta a testét és elhurcolta.

Buck vit cela, et les autres aussi ; ils savaient que la mort était proche.

Buck látta ezt, és a többiek is; tudták, hogy a halál közeleg.

Le lendemain, Koona partit, ne laissant que cinq chiens dans l'équipe affamée.

Másnap Koona elment, és csak öt kutyát hagyott maga után az éhező csapatban.

Joe, qui n'était plus méchant, était trop loin pour se rendre compte de quoi que ce soit.

Joe, aki már nem volt gonosz, túl messzire ment ahhoz, hogy bármiről is tudomást vegyen.

Pike, ne faisant plus semblant d'être blessé, était à peine conscient.

Pike, már nem színlelte a sérülését, alig volt eszméleténél.

Solleks, toujours fidèle, se lamentait de ne plus avoir de force à donner.

A hűséges Solleks gyászolta, hogy nincs ereje adni.

Teek a été le plus battu parce qu'il était plus frais, mais qu'il s'estompait rapidement.

Teeket azért verték meg leginkább, mert frissebb volt, de gyorsan fogyott.

Et Buck, toujours en tête, ne maintenait plus l'ordre ni ne le faisait respecter.

És Buck, aki továbbra is az élen járt, már nem tartotta fenn a rendet, és nem is érvényesítette azt.

À moitié aveugle à cause de sa faiblesse, Buck suivit la piste au toucher seul.

Buck félig vakon, gyengeségtől tátva, egyedül az érzésekre hagyatkozva követte a nyomokat.

C'était un beau temps printanier, mais aucun d'entre eux ne l'a remarqué.

Gyönyörű tavaszi idő volt, de egyikük sem vette észre.

Chaque jour, le soleil se levait plus tôt et se couchait plus tard qu'avant.

Minden nap korábban kelt és később nyugodott a nap, mint azelőtt.

À trois heures du matin, l'aube était arrivée ; le crépuscule durait jusqu'à neuf heures.

Hajnali háromra megvirradt; az alkonyat kilencig tartott.

Les longues journées étaient remplies du plein soleil printanier.

A hosszú napokat a tavaszi napsütés teljes ragyogása töltötte be.

Le silence fantomatique de l'hiver s'était transformé en un murmure chaleureux.

A tél kísérteties csendje meleg morajlássá változott.

Toute la terre s'éveillait, animée par la joie des êtres vivants.

Az egész föld ébredezett, az élő dolgok örömétől elevenedett.

Le bruit provenait de ce qui était resté mort et immobile pendant l'hiver.

A hang onnan jött, ami halottan és mozdulatlanul feküdt egész télen át.

Maintenant, ces choses bougeaient à nouveau, secouant le long sommeil de gel.

Most azok a dolgok újra megmozdultak, lerázva magukról a hosszú, fagyos álmot.

La sève montait à travers les troncs sombres des pins en attente.

Nedv szállt fel a várakozó fenyőfák sötét törzsei közül.

Les saules et les trembles font apparaître de jeunes bourgeons brillants sur chaque brindille.

A fűzfák és a nyárfák minden ágon fényes fiatal rügyeket hoznak.

Les arbustes et les vignes se parent d'un vert frais tandis que les bois prennent vie.

A cserjék és indák friss zöldelltek, ahogy az erdő életre kelt.

Les grillons chantaient la nuit et les insectes rampaient au soleil.

Éjszaka tücskök ciripeltek, nappali fényben bogarak mászkáltak.

Les perdrix résonnaient et les pics frappaient profondément dans les arbres.

Foglyok dübörögtek, és harkályok kopogtak a fák mélyén.

Les écureuils bavardaient, les oiseaux chantaient et les oies klaxonnaient au-dessus des chiens.

Mókusok csicseregtek, madarak énekeltek, és libák kürtöltek a kutyák felett.

Les oiseaux sauvages arrivaient en groupes serrés, volant vers le haut depuis le sud.

A vadmadarak éles ékekben repültek dél felől.

De chaque colline venait la musique des ruisseaux cachés et impétueux.

Minden domboldalról rejtett, sebesen csobogó patakok zenéje hallatszott.

Toutes choses ont dégelé et se sont brisées, se sont pliées et ont repris leur mouvement.

Minden felengedett, eltört, meggörbült, majd újra mozgásba lendült.

Le Yukon s'efforçait de briser les chaînes de froid de la glace gelée.

A Yukon erőlködve próbálta megtörni a megfagyott jég hidegláncait.

La glace fondait en dessous, tandis que le soleil la faisait fondre par le dessus.

A jég alul elolvadt, míg felülről a nap olvasztotta.

Des trous d'aération se sont ouverts, des fissures se sont propagées et des morceaux sont tombés dans la rivière.

Szellőzőlyukak nyíltak meg, repedések terjedtek, és darabok hullottak a folyóba.

Au milieu de toute cette vie débordante et flamboyante, les voyageurs titubaient.

E pezsgő és lángoló élet közepette az utazók tántorogtak.

Deux hommes, une femme et une meute de huskies marchaient comme des morts.

Két férfi, egy nő és egy husky falka úgy sétálgatott, mint a halottak.

Les chiens tombaient, Mercedes pleurait, mais continuait à conduire le traîneau.

A kutyák hullottak, Mercedes sírt, de azért még mindig szánkózott.

Hal jura faiblement et Charles cligna des yeux à travers ses yeux larmoyants.

Hal erőtlenül káromkodott, Charles pedig könnyező szemekkel pislogott.

Ils tombèrent sur le camp de John Thornton à l'embouchure de la rivière White.

Belebotlottak John Thornton táborába White River torkolatánál.

Lorsqu'ils s'arrêtèrent, les chiens s'effondrèrent, comme s'ils étaient tous morts.

Amikor megálltak, a kutyák hanyatt estek, mintha mind meghaltak volna.

Mercedes essuya ses larmes et regarda John Thornton.

Mercedes letörölte a könnyeit, és John Thorntonra nézett.

Charles s'assit sur une bûche, lentement et raidement, souffrant du sentier.

Károly egy rönkön ült, lassan és mereven, sajgott az ösvénytől.

Hal parlait pendant que Thornton sculptait l'extrémité d'un manche de hache.

Hal beszélt helyette, miközben Thornton egy fejsze nyelének végét faragta.

Il taillait du bois de bouleau et répondait par des réponses brèves et fermes.

Nyírfát faragva rövid, határozott válaszokat adott.

Lorsqu'on lui a demandé son avis, il a donné des conseils, certain qu'ils ne seraient pas suivis.

Amikor megkérdezték, tanácsot adott, biztos volt benne, hogy azt nem fogják betartani.

Hal a expliqué : « Ils nous ont dit que la glace du sentier disparaissait. »

Hal elmagyarázta: „Azt mondták nekünk, hogy a jég elkezd olvadni az ösvényen."

« Ils ont dit que nous devions rester sur place, mais nous sommes arrivés à White River. »

„Azt mondták, maradjunk otthon – de eljutottunk White Riverbe."

Il a terminé sur un ton moqueur, comme pour crier victoire dans les difficultés.

Gúnyos hangon fejezte be, mintha a nehézségek közepette aratott győzelmet.

« Et ils t'ont dit la vérité », répondit doucement John Thornton à Hal.

– És igazat mondtak neked – felelte John Thornton halkan Halnak.

« La glace peut céder à tout moment, elle est prête à tomber. »

„A jég bármikor megadhatja magát – készen áll a leválásra."

« Seuls un peu de chance et des imbéciles ont pu arriver jusqu'ici en vie. »

„Csak a vakszerencse és a bolondok juthattak el idáig élve."

« Je vous le dis franchement, je ne risquerais pas ma vie pour tout l'or de l'Alaska. »

„Őszintén megmondom, hogy Alaszka összes aranyáért sem kockáztatnám az életemet."

« C'est parce que tu n'es pas un imbécile, je suppose », répondit Hal.

– Gondolom, azért, mert nem vagy bolond – felelte Hal.

« Tout de même, nous irons à Dawson. » Il déroula son fouet.

– Mindegy, megyünk tovább Dawsonba. – Kibontotta az ostorát.

« Monte là-haut, Buck ! Salut ! Debout ! Vas-y ! » cria-t-il durement.

„Menj fel, Buck! Szia! Kelj fel! Rajta!" – kiáltotta rekedten.

Thornton continuait à tailler, sachant que les imbéciles n'entendraient pas la raison.

Thornton tovább faragta a dolgokat, tudván, hogy a bolondok nem hallják meg az észt.

Arrêter un imbécile était futile, et deux ou trois imbéciles ne changeaient rien.

Egy bolondot megállítani hiábavaló volt – és két-három bolond semmit sem változtatott.

Mais l'équipe n'a pas bougé au son de l'ordre de Hal.

De a csapat nem mozdult Hal parancsára.

Désormais, seuls les coups pouvaient les faire se relever et avancer.

Mostanra már csak ütésekkel tudták őket felkelni és előrehúzni.

Le fouet claquait encore et encore sur les chiens affaiblis.

Az ostor újra meg újra csattant a legyengült kutyákon.

John Thornton serra fermement ses lèvres et regarda en silence.

John Thornton összeszorította a száját, és csendben figyelt.

Solleks fut le premier à se relever sous le fouet.

Solleks volt az első, aki talpra állt a korbácsütés alatt.

Puis Teek le suivit, tremblant. Joe poussa un cri en se relevant.

Teek remegve követte. Joe felkiáltott, ahogy felbotlott.

Pike a essayé de se relever, a échoué deux fois, puis est finalement resté debout, chancelant.

Pike megpróbált felállni, kétszer is kudarcot vallott, majd végül bizonytalanul állt.

Mais Buck resta là où il était tombé, sans bouger du tout cette fois.

De Buck ott feküdt, ahol elesett, és ezalatt egy pillanatig sem mozdult.

Le fouet le frappait à plusieurs reprises, mais il ne faisait aucun bruit.

Az ostor újra meg újra lecsapott rá, de nem adott ki hangot.

Il n'a pas bronché ni résisté, il est simplement resté immobile et silencieux.

Nem hátrált meg, nem ellenkezett, egyszerűen mozdulatlan és csendben maradt.

Thornton remua plus d'une fois, comme pour parler, mais ne le fit pas.

Thornton többször is megmozdult, mintha beszélni akarna, de nem tette.

Ses yeux s'humidifièrent, et le fouet continuait à claquer contre Buck.

Könnyek szöktek a szemébe, és az ostor még mindig csapkodott Buckra.

Finalement, Thornton commença à marcher lentement, ne sachant pas quoi faire.

Thornton végül lassan járkálni kezdett, bizonytalanul, hogy mitévő legyen.

C'était la première fois que Buck échouait, et Hal devint furieux.

Ez volt az első alkalom, hogy Buck kudarcot vallott, és Hal dühbe gurult.

Il a jeté le fouet et a pris la lourde massue à la place.

Lehajította az ostort, és helyette a nehéz botot vette fel.

Le gourdin en bois s'abattit violemment, mais Buck ne se releva toujours pas pour bouger.

A fabunkó keményen lecsapódott, de Buck még mindig nem kelt fel, hogy megmozduljon.

Comme ses coéquipiers, il était trop faible, mais plus que cela.

Csapattársaihoz hasonlóan ő is túl gyenge volt – de ennél több.

Buck avait décidé de ne pas bouger, quoi qu'il arrive.

Buck úgy döntött, hogy nem mozdul, bármi is történjék ezután.

Il sentait quelque chose de sombre et de certain planer juste devant lui.

Érezte, hogy valami sötét és biztos dolog lebeg közvetlenül előtte.

Cette peur l'avait saisi dès qu'il avait atteint la rive du fleuve.

A félelem azonnal elfogta, amint a folyópartra ért.

Cette sensation ne l'avait pas quitté depuis qu'il sentait la glace s'amincir sous ses pattes.

Az érzés nem múlt el belőle, mióta vékony jeget érzett a mancsai alatt.

Quelque chose de terrible l'attendait – il le sentait juste au bout du sentier.

Valami szörnyűség várt rá – érezte már az ösvényen.

Il n'allait pas marcher vers cette terrible chose devant lui.

Nem fog az előtte álló szörnyűség felé sétálni

Il n'allait pas obéir à un quelconque ordre qui le conduirait à cette chose.

Nem fog engedelmeskedni semmilyen parancsnak, ami odavitte.

La douleur des coups ne l'atteignait plus guère, il était trop loin.

Az ütések fájdalma már alig érintette – túl messze volt.

L'étincelle de vie vacillait faiblement, s'affaiblissant sous chaque coup cruel.

Az élet szikrája halványan pislákolt, minden kegyetlen csapás alatt elhalványyult.

Ses membres semblaient lointains ; tout son corps semblait appartenir à un autre.

Végtagjai távolinak tűntek; az egész teste mintha valaki másé lett volna.

Il ressentit un étrange engourdissement alors que la douleur disparaissait complètement.

Furcsa zsibbadást érzett, ahogy a fájdalom teljesen elmúlt.

De loin, il sentait qu'il était battu, mais il le savait à peine.

Már messziről érezte, hogy verik, de alig tudta.

Il pouvait entendre les coups sourds faiblement, mais ils ne faisaient plus vraiment mal.

Halványan hallotta a puffanásokat, de már nem fájtak igazán.

Les coups ont porté, mais son corps ne semblait plus être le sien.

Az ütések becsapódtak, de a teste már nem tűnt a sajátjának.

Puis, soudain, sans prévenir, John Thornton poussa un cri sauvage.

Aztán hirtelen, minden előzetes figyelmeztetés nélkül, John Thornton vad kiáltást hallatott.

C'était inarticulé, plus le cri d'une bête que celui d'un homme.

Artikulálatlan volt, inkább egy állat, mint egy ember kiáltása.

Il sauta sur l'homme avec la massue et renversa Hal en arrière.

Ráugrott a bottal szorongatott férfira, és hátralökte Halt.

Hal vola comme s'il avait été frappé par un arbre, atterrissant durement sur le sol.

Hal úgy repült, mintha egy fa csapódott volna belé, és keményen a földre zuhant.

Mercedes a crié de panique et s'est agrippée au visage.

Mercedes pánikba esve hangosan felsikoltott, és az arcához kapott.

Charles se contenta de regarder, s'essuya les yeux et resta assis.

Károly csak nézte, megtörölte a szemét, és ülve maradt.

Son corps était trop raide à cause de la douleur pour se lever ou aider au combat.

A teste túl merev volt a fájdalomtól ahhoz, hogy felálljon vagy segítsen a harcban.

Thornton se tenait au-dessus de Buck, tremblant de fureur, incapable de parler.

Thornton Buck felett állt, dühösen remegett, és képtelen volt megszólalni.

Il tremblait de rage et luttait pour trouver sa voix à travers elle.

Dühösen remegett, és küzdött, hogy megtalálja a hangját a dühöngésen keresztül.

« Si tu frappes encore ce chien, je te tue », dit-il finalement.

– Ha még egyszer megütöd azt a kutyát, megöllek – mondta végül.

Hal essuya le sang de sa bouche et s'avança à nouveau.

Hal letörölte a vért a szájáról, és ismét előrelépett.

« C'est mon chien », murmura-t-il. « Dégage, ou je te répare. »

– A kutyám az – motyogta. – Menj az útból, különben elintézem!

« Je vais à Dawson, et vous ne m'en empêcherez pas », a-t-il ajouté.

„Dawsonba megyek, és te nem fogsz megállítani" – tette hozzá.

Thornton se tenait fermement entre Buck et le jeune homme en colère.

Thornton szilárdan állt Buck és a dühös fiatalember között.

Il n'avait aucune intention de s'écarter ou de laisser passer Hal.

Esze ágában sem volt félreállni, vagy Halt elengedni.

Hal sortit son couteau de chasse, long et dangereux à la main.

Hal előhúzta a kezében hosszú és veszélyes vadászkését.

Mercedes a crié, puis pleuré, puis ri dans une hystérie sauvage.

Mercedes sikított, majd sírt, végül vad hisztérikus nevetésben tört ki.

Thornton frappa la main de Hal avec le manche de sa hache, fort et vite.

Thornton fejszéje nyelével erősen és gyorsan Hal kezére csapott.

Le couteau s'est détaché de la main de Hal et a volé au sol.

A kés kiesett Hal markából, és a földre repült.

Hal essaya de ramasser le couteau, et Thornton frappa à nouveau ses jointures.

Hal megpróbálta felvenni a kést, de Thornton ismét rácsapott az ujjperceire.

Thornton se baissa alors, attrapa le couteau et le tint.

Aztán Thornton lehajolt, megragadta a kést, és a kezében tartotta.

D'un coup rapide de manche de hache, il coupa les rênes de Buck.

Két gyors csapással elvágta Buck gyeplőjét a fejsze nyelével.

Hal n'avait plus aucune résistance et s'éloigna du chien.

Halnak már nem volt harci kedve, és hátralépett a kutya elől.

De plus, Mercedes avait désormais besoin de ses deux bras pour se maintenir debout.

Különben is, Mercedesnek most már mindkét karjára szüksége volt, hogy egyenesen maradjon.

Buck était trop proche de la mort pour pouvoir à nouveau tirer un traîneau.

Buck túl közel volt a halálhoz ahhoz, hogy újra hasznos legyen szánhúzásra.

Quelques minutes plus tard, ils se sont retirés et ont descendu la rivière.

Néhány perccel később kifutottak, és lefelé indultak a folyón.

Buck leva faiblement la tête et les regarda quitter la banque.

Buck gyengén felemelte a fejét, és nézte, ahogy elhagyják a bankot.

Pike a mené l'équipe, avec Solleks à l'arrière dans la roue.

Pike vezette a csapatot, Solleks pedig hátul a keréken.

Joe et Teek marchaient entre eux, tous deux boitant d'épuisement.

Joe és Teek közöttük sétáltak, mindketten kimerülten sántikáltak.

Mercedes s'assit sur le traîneau et Hal saisit le long mât.

Mercedes a szánkón ült, Hal pedig a hosszú gearbotet szorongatta.

Charles trébuchait derrière, ses pas maladroits et incertains.

Károly botladozva hátulról lépett, léptei esetlenek és bizonytalanok voltak.

Thornton s'agenouilla près de Buck et chercha doucement des os cassés.

Thornton letérdelt Buck mellé, és gyengéden kitapogatta, hogy nincs-e eltört csontja.

Ses mains étaient rudes mais bougeaient avec gentillesse et attention.

A kezei érdesek voltak, de kedvesen és gondosan mozogtak.

Le corps de Buck était meurtri mais ne présentait aucune blessure durable.

Buck teste zúzódásokkal volt tele, de maradandó sérülés nem látszott rajta.

Ce qui restait, c'était une faim terrible et une faiblesse quasi totale.

Ami maradt, az a szörnyű éhség és a szinte teljes gyengeség volt.

Au moment où cela fut clair, le traîneau était déjà loin en aval.

Mire ez kitisztult, a szán már messzire lejjebb ment a folyón.

L'homme et le chien regardaient le traîneau ramper lentement sur la glace fissurée.

Férfi és kutya nézték, ahogy a szán lassan kúszik a repedező jégen.

Puis, ils virent le traîneau s'enfoncer dans un creux.

Aztán látták, hogy a szánkó belesüllyed egy mélyedésbe.

Le mât s'est envolé, Hal s'y accrochant toujours en vain.

A gearbota felrepült, Hal pedig hiába kapaszkodott bele.

Le cri de Mercedes les atteignit à travers la distance froide.

Mercedes sikolyát a hideg messzeségen át hallhatták.

Charles se retourna et recula, mais il était trop tard.

Károly megfordult és hátralépett – de már túl késő volt.

Une calotte glaciaire entière a cédé et ils sont tous tombés à travers.

Egy egész jégtakaró leomlott, és mindannyian átestek rajta.

Les chiens, le traîneau et les gens ont disparu dans l'eau noire en contrebas.

Kutyák, szánkók és emberek tűntek el a lenti fekete vízben.

Il ne restait qu'un large trou dans la glace là où ils étaient passés.

Csak egy széles lyuk maradt a jégben ott, ahol elhaladtak.

Le fond du sentier s'était affaissé, comme Thornton l'avait prévenu.

Az ösvény alja leszakadt – pontosan ahogy Thornton figyelmeztette.

Thornton et Buck se regardèrent, silencieux pendant un moment.

Thornton és Buck egymásra néztek, egy pillanatig hallgattak.

« Pauvre diable », dit doucement Thornton, et Buck lui lécha la main.

– Szegény ördög! – mondta Thornton halkan, mire Buck megnyalta a kezét.

Pour l'amour d'un homme
Egy férfi szerelmére

John Thornton s'est gelé les pieds dans le froid du mois de décembre précédent.
John Thorntonnak megfagyott a lába az előző decemberi hidegben.

Ses partenaires l'ont mis à l'aise et l'ont laissé se rétablir seul.
Partnerei kényelembe helyezték, és magára hagyták a felépülést.

Ils remontèrent la rivière pour rassembler un radeau de billes de bois pour Dawson.
Felmentek a folyón, hogy fűrészrönköt gyűjtsenek Dawsonnak.

Il boitait encore légèrement lorsqu'il a sauvé Buck de la mort.
Még enyhén sántított, amikor megmentette Buckot a haláltól.

Mais avec le temps chaud qui continue, même cette boiterie a disparu.
De a meleg idő folytatódásával még ez a sántítás is eltűnt.

Allongé au bord de la rivière pendant les longues journées de printemps, Buck se reposait.
Buck a hosszú tavaszi napokon a folyóparton fekve pihent.

Il regardait l'eau couler et écoutait les oiseaux et les insectes.
Nézte a folyó vizet, és hallgatta a madarakat és rovarokat.

Lentement, Buck reprit ses forces sous le soleil et le ciel.
Buck lassan visszanyerte erejét a nap és az ég alatt.

Un repos merveilleux après avoir parcouru trois mille kilomètres.
Csodálatosan éreztem magam pihenve háromezer mérföldes utazás után.

Buck est devenu paresseux à mesure que ses blessures guérissaient et que son corps se remplissait.
Buck ellustult, ahogy a sebei begyógyultak és a teste kiteljesedett.

Ses muscles se raffermirent et la chair revint recouvrir ses os.

Izmai megfeszültek, és hús borította vissza csontjait.

Ils se reposaient tous : Buck, Thornton, Skeet et Nig.

Mindannyian pihentek – Buck, Thornton, Skeet és Nig.

Ils attendaient le radeau qui allait les transporter jusqu'à Dawson.

Várták a tutajt, amivel levitték őket Dawsonba.

Skeet était un petit setter irlandais qui s'est lié d'amitié avec Buck.

Skeet egy kis ír szetter volt, aki összebarátkozott Buckkal.

Buck était trop faible et malade pour lui résister lors de leur première rencontre.

Buck túl gyenge és beteg volt ahhoz, hogy ellenálljon neki az első találkozásukkor.

Skeet avait le trait de guérisseur que certains chiens possèdent naturellement.

Skeetnek megvolt az a gyógyító tulajdonsága, ami egyes kutyákban természetes módon megvan.

Comme une mère chatte, elle lécha et nettoya les blessures à vif de Buck.

Mint egy anyamacska, nyalogatta és tisztogatta Buck sebeit.

Chaque matin, après le petit-déjeuner, elle répétait son travail minutieux.

Reggeli után minden reggel megismételte gondos munkáját.

Buck s'attendait à son aide autant qu'à celle de Thornton.

Buck ugyanúgy számított a segítségére, mint Thorntonéra.

Nig était également amical, mais moins ouvert et moins affectueux.

Nig is barátságos volt, de kevésbé nyitott és kevésbé szeretetteljes.

Nig était un gros chien noir, à la fois chien de Saint-Hubert et chien de chasse.

Nig egy nagy fekete kutya volt, részben véreb, részben szarvaseb.

Il avait des yeux rieurs et une infinie bonne nature dans son esprit.

Nevető szemek és végtelen jó természet lakozott a lelkében.

À la surprise de Buck, aucun des deux chiens n'a montré de jalousie envers lui.

Buck meglepetésére egyik kutya sem mutatott féltékenységet iránta.

Skeet et Nig ont tous deux partagé la gentillesse de John Thornton.

Skeet és Nig is osztoztak John Thornton kedvességében.

À mesure que Buck devenait plus fort, ils l'ont attiré dans des jeux de chiens stupides.

Ahogy Buck egyre erősebb lett, bolondos kutyajátékokba csábították.

Thornton jouait souvent avec eux aussi, incapable de résister à leur joie.

Thornton is gyakran játszott velük, képtelen volt ellenállni az örömüknek.

De cette manière ludique, Buck est passé de la maladie à une nouvelle vie.

Ezzel a játékos módon Buck a betegségből egy új életbe lépett.

L'amour – un amour véritable, brûlant et passionné – était enfin à lui.

A szerelem – az igaz, lángoló és szenvedélyes szerelem – végre az övé volt.

Il n'avait jamais connu ce genre d'amour dans le domaine de Miller.

Soha nem ismert ilyen szeretetet Miller birtokán.

Avec les fils du juge, il avait partagé le travail et l'aventure.

A Bíró fiaival közös munkát és kalandot élt át.

Chez les petits-fils, il vit une fierté raide et vantarde.

Az unokáknál merev és kérkedő büszkeséget látott.

Il entretenait avec le juge Miller lui-même une amitié respectueuse.

Magával Miller bíróval tiszteletteljes barátságot ápolt.

Mais l'amour qui était feu, folie et adoration est venu avec Thornton.

De a szerelem, ami tűz, őrület és imádat volt, Thorntonnal érkezett.

Cet homme avait sauvé la vie de Buck, et cela seul signifiait beaucoup.

Ez az ember megmentette Buck életét, és már önmagában ez is sokat jelentett.

Mais plus que cela, John Thornton était le type de maître idéal.

De mi több, John Thornton volt az ideális fajta mester.

D'autres hommes s'occupaient de chiens par devoir ou par nécessité professionnelle.

Más férfiak kötelességből vagy üzleti szükségszerűségből gondoskodtak kutyákról.

John Thornton prenait soin de ses chiens comme s'ils étaient ses enfants.

John Thornton úgy gondoskodott a kutyáiról, mintha a gyermekei lennének.

Il prenait soin d'eux parce qu'il les aimait et qu'il ne pouvait tout simplement pas s'en empêcher.

Törődött velük, mert szerette őket, és egyszerűen nem tehetett mást.

John Thornton a vu encore plus loin que la plupart des hommes n'ont jamais réussi à voir.

John Thornton még messzebbre látott, mint a legtöbb férfi valaha is képes volt látni.

Il n'oubliait jamais de les saluer gentiment ou de leur adresser un mot d'encouragement.

Soha nem felejtette el kedvesen üdvözölni őket, vagy egy bátorító szót szólni.

Il adorait s'asseoir avec les chiens pour de longues conversations, ou « gazeuses », comme il disait.

Imádott leülni a kutyákkal hosszas beszélgetésekre, vagy ahogy ő mondta, „gázoskodni".

Il aimait saisir brutalement la tête de Buck entre ses mains fortes.

Szerette durván megragadni Buck fejét erős kezei között.

Puis il posa sa tête contre celle de Buck et le secoua doucement.

Aztán a fejét Buckéhoz hajtotta, és gyengéden megrázta.

Pendant tout ce temps, il traitait Buck de noms grossiers qui signifiaient de l'amour pour Buck.

Mindeközben durva szavakkal illette Buckot, amik a szerelmet jelentették számára.

Pour Buck, cette étreinte brutale et ces mots ont apporté une joie profonde.

Buck számára az a durva ölelés és azok a szavak mély örömet okoztak.

Son cœur semblait se déchaîner de bonheur à chaque mouvement.

A szíve minden mozdulatnál felszabadultan remegett a boldogságtól.

Lorsqu'il se releva ensuite, sa bouche semblait rire.

Amikor utána felugrott, úgy nézett ki a szája, mintha nevetett volna.

Ses yeux brillaient et sa gorge tremblait d'une joie inexprimée.

Szeme ragyogott, torka pedig remegett a kimondatlan örömtől.

Son sourire resta figé dans cet état d'émotion et d'affection rayonnante.

Mosolya mozdulatlanná dermedt az érzelmek és a ragyogó szeretet közepette.

Thornton s'exclama alors pensivement : « Mon Dieu ! Il peut presque parler ! »

Thornton ekkor elgondolkodva felkiáltott: „Istenem! Majdnem tud beszélni!"

Buck avait une étrange façon d'exprimer son amour qui causait presque de la douleur.

Bucknak furcsa, szinte fájdalmat okozó módja volt a szeretet kifejezésére.

Il serrait souvent très fort la main de Thornton entre ses dents.

Gyakran nagyon erősen szorította Thornton kezét a fogai közé.

La morsure allait laisser des marques profondes qui resteraient un certain temps après.

A harapás mély nyomokat hagyott, amelyek egy ideig megmaradtak.

Buck croyait que ces serments étaient de l'amour, et Thornton savait la même chose.

Buck hitte, hogy ezek az eskük a szerelem jelei, és Thornton is tudta ezt.

Le plus souvent, l'amour de Buck se manifestait par une adoration silencieuse, presque silencieuse.

Buck szerelme leggyakrabban csendes, szinte néma imádatban nyilvánult meg.

Bien qu'il soit ravi lorsqu'on le touche ou qu'on lui parle, il ne cherche pas à attirer l'attention.

Bár izgatott volt, ha megérintették vagy beszéltek hozzá, nem kereste a figyelmet.

Skeet a poussé son nez sous la main de Thornton jusqu'à ce qu'il la caresse.

Skeet addig bökte az orrát Thornton keze alá, amíg az meg nem simogatta.

Nig s'approcha tranquillement et posa sa grosse tête sur le genou de Thornton.

Nig csendesen odalépett, és nagy fejét Thornton térdére hajtotta.

Buck, au contraire, se contentait d'aimer à distance respectueuse.

Buck ezzel szemben megelégedett azzal, hogy tiszteletteljes távolságból szeressen.

Il resta allongé pendant des heures aux pieds de Thornton, alerte et observant attentivement.

Órákon át feküdt Thornton lábánál, éber és feszült figyelő tekintettel.

Buck étudiait chaque détail du visage de son maître et le moindre mouvement.

Buck gazdája arcának minden részletét, a legkisebb mozdulatát is alaposan szemügyre vette.

Ou bien il était allongé plus loin, étudiant la silhouette de l'homme en silence.

Vagy távolabb feküdt, csendben tanulmányozva a férfi alakját.

Buck observait chaque petit mouvement, chaque changement de posture ou de geste.

Buck minden apró mozdulatot, minden testtartás- vagy gesztusváltást figyelt.

Ce lien était si puissant qu'il attirait souvent le regard de Thornton.

Olyan erős volt ez a kapcsolat, hogy gyakran magára vonta Thornton tekintetét.

Il rencontra les yeux de Buck sans un mot, l'amour brillant clairement à travers.

Szótlanul nézett Buck szemébe, a szerelem tisztán ragyogott benne.

Pendant longtemps après avoir été sauvé, Buck n'a jamais laissé Thornton hors de vue.

Miután megmentették, Buck sokáig nem tévesztette szem elől Thorntont.

Chaque fois que Thornton quittait la tente, Buck le suivait de près à l'extérieur.

Valahányszor Thornton elhagyta a sátrat, Buck szorosan követte kifelé.

Tous les maîtres sévères du Northland avaient fait que Buck avait peur de faire confiance.

Észak minden kemény ura miatt Buck félt bízni bennük.

Il craignait qu'aucun homme ne puisse rester son maître plus d'un court instant.

Attól félt, hogy senki sem maradhat az ura egy rövid időnél tovább.

Il craignait que John Thornton ne disparaisse comme Perrault et François.

Attól félt, hogy John Thornton úgy fog eltűnni, mint Perrault és François.

Même la nuit, la peur de le perdre hantait le sommeil agité de Buck.

Még éjszaka is kísértette Buck nyugtalan álmát az elvesztésétől való félelem.

Quand Buck se réveilla, il se glissa dehors dans le froid et se dirigea vers la tente.

Amikor Buck felébredt, kimászott a hidegbe, és elment a sátorhoz.

Il écoutait attentivement le doux bruit de la respiration à l'intérieur.

Figyelmesen hallgatózott, hallja-e belülről a halk légzést.

Malgré l'amour profond de Buck pour John Thornton, la nature sauvage est restée vivante.

Buck John Thornton iránti mély szeretete ellenére a vadon életben maradt.

Cet instinct primitif, éveillé dans le Nord, n'a pas disparu.

Az északon felébredt primitív ösztön nem tűnt el.

L'amour a apporté la dévotion, la loyauté et le lien chaleureux du coin du feu.

A szerelem odaadást, hűséget és a tűz melletti meleg köteléket hozott magával.

Mais Buck a également conservé son instinct sauvage, vif et toujours en alerte.

De Buck megőrizte vad ösztöneit is, melyek élesek és örökké éberek voltak.

Il n'était pas seulement un animal de compagnie apprivoisé venu des terres douces de la civilisation.

Nem csupán egy megszelídített háziállat volt a civilizáció puha földjeiről.

Buck était un être sauvage qui était venu s'asseoir près du feu de Thornton.

Buck vad teremtmény volt, aki Thornton tüzéhez jött leülni.

Il ressemblait à un chien du Southland, mais la sauvagerie vivait en lui.

Úgy nézett ki, mint egy délvidéki kutya, de vadság lakozott benne.

Son amour pour Thornton était trop grand pour permettre de voler cet homme.

Túl nagy volt a szerelme Thornton iránt ahhoz, hogy megengedje magának a lopást.

Mais dans n'importe quel autre camp, il volerait avec audace et sans relâche.

De bármely más táborban bátran és szünet nélkül lopott volna.

Il était si habile à voler que personne ne pouvait l'attraper ou l'accuser.

Olyan ravasz volt a lopásban, hogy senki sem tudta elkapni vagy megvádolni.

Son visage et son corps étaient couverts de cicatrices dues à de nombreux combats passés.

Arcát és testét számos korábbi harc hegei borították.

Buck se battait toujours avec acharnement, mais maintenant il se battait avec plus de ruse.

Buck továbbra is hevesen küzdött, de most már ravaszabb módon.

Skeet et Nig étaient trop doux pour se battre, et ils appartenaient à Thornton.

Skeet és Nig túl gyengédek voltak ahhoz, hogy harcoljanak, és ők Thorntonéi voltak.

Mais tout chien étranger, aussi fort ou courageux soit-il, cédait.

De minden idegen kutya, bármilyen erős vagy bátor is, megadta magát.

Sinon, le chien se retrouvait à lutter contre Buck, à se battre pour sa vie.

Különben a kutya Buckkal küzdött; az életéért küzdött.

Buck n'a eu aucune pitié une fois qu'il a choisi de se battre contre un autre chien.

Buck nem volt irgalmas, miután úgy döntött, hogy egy másik kutyával harcol.

Il avait bien appris la loi du gourdin et des crocs dans le Nord.

Jól elsajátította az északi fánk és agyar szabályát.

Il n'a jamais abandonné un avantage et n'a jamais reculé devant la bataille.

Soha nem adott fel előnyt, és soha nem hátrált meg a csatában.

Il avait étudié les Spitz et les chiens les plus féroces de la poste et de la police.

Tanulmányozta a spitzeket és a legvadabb posta- és rendőrkutyákat.

Il savait clairement qu'il n'y avait pas de juste milieu dans un combat sauvage.

Világosan tudta, hogy a vad harcban nincs középút.

Il doit gouverner ou être gouverné ; faire preuve de miséricorde signifie faire preuve de faiblesse.

Uralkodnia kellett, vagy őt uralták; az irgalom kimutatása gyengeséget jelentett.

La miséricorde était inconnue dans le monde brut et brutal de la survie.

A kegyelem ismeretlen volt a túlélés nyers és brutális világában.

Faire preuve de miséricorde était perçu comme de la peur, et la peur menait rapidement à la mort.

Az irgalmasság kimutatása félelemnek számított, a félelem pedig gyorsan halálhoz vezetett.

L'ancienne loi était simple : tuer ou être tué, manger ou être mangé.

A régi törvény egyszerű volt: ölj vagy megölnek, egyél vagy megesznek.

Cette loi venait des profondeurs du temps, et Buck la suivait pleinement.

Ez a törvény az idők mélyéről származik, és Buck teljes mértékben követte.

Buck était plus vieux que son âge et que le nombre de respirations qu'il prenait.

Buck idősebb volt a koránál és a lélegzetvételek számánál.

Il a clairement relié le passé ancien au moment présent.

Világosan összekapcsolta a régmúlt időket a jelennel.

Les rythmes profonds des âges le traversaient comme les marées.

A korok mély ritmusai úgy kavarogtak benne, mint az árapály.

Le temps pulsait dans son sang aussi sûrement que les saisons faisaient bouger la terre.

Az idő olyan biztosan lüktetett a vérében, mint ahogy az évszakok mozgatták a földet.

Il était assis près du feu de Thornton, la poitrine forte et les crocs blancs.

Thornton tüzénél ült, erős mellkassal és fehér agyarral.

Sa longue fourrure ondulait, mais derrière lui, les esprits des chiens sauvages observaient.

Hosszú bundája lengedezett, de mögötte vadkutyák szellemei figyelték.

Des demi-loups et des loups à part entière s'agitaient dans son cœur et dans ses sens.

Fél farkasok és teli farkasok kavarogtak a szívében és az érzékeiben.

Ils goûtèrent sa viande et burent la même eau que lui.

Megkóstolták a húsát, és ugyanabból a vízből ittak, mint ő.

Ils reniflaient le vent à ses côtés et écoutaient la forêt.

Mellette szimatolták a szelet, és hallgatták az erdőt.

Ils murmuraient la signification des sons sauvages dans l'obscurité.

A vad hangok jelentését suttogták a sötétben.

Ils façonnaient ses humeurs et guidaient chacune de ses réactions silencieuses.

Formálták a hangulatait és irányították minden csendes reakcióját.

Ils se sont couchés avec lui pendant son sommeil et sont devenus une partie de ses rêves profonds.

Vele feküdtek, miközben aludt, és mély álmainak részévé váltak.

Ils rêvaient avec lui, au-delà de lui, et constituaient son esprit même.

Vele álmodtak, rajta túl, és alkották meg a lelkét.

Les esprits de la nature appelèrent si fort que Buck se sentit attiré.

A vadon szellemei olyan erősen szóltak, hogy Buck úgy érezte, vonzolják.

Chaque jour, l'humanité et ses revendications s'affaiblissaient dans le cœur de Buck.

Az emberiség és annak igényei napról napra gyengültek Buck szívében.

Au plus profond de la forêt, un appel étrange et palpitant allait s'élever.

Mélyen az erdőben egy furcsa és izgalmas hívás fog felhangzani.

Chaque fois qu'il entendait l'appel, Buck ressentait une envie à laquelle il ne pouvait résister.

Valahányszor meghallotta a hívást, Buck egy ellenállhatatlan késztetést érzett.

Il allait se détourner du feu et des sentiers battus des humains.

Elfordult a tűztől és a kitaposott emberi ösvényektől.

Il allait s'enfoncer dans la forêt, avançant sans savoir pourquoi.

Be akart vetődni az erdőbe, előrement anélkül, hogy tudta volna, miért.

Il ne remettait pas en question cette attraction, car l'appel était profond et puissant.

Nem kérdőjelezte meg ezt a vonzást, mert a hívás mély és erőteljes volt.

Souvent, il atteignait l'ombre verte et la terre douce et intacte

Gyakran elérte a zöld árnyékot és a puha, érintetlen földet

Mais ensuite, son amour profond pour John Thornton l'a ramené vers le feu.

De aztán a John Thornton iránti erős szerelem visszarántotta a tűzhöz.

Seul John Thornton tenait véritablement le cœur sauvage de Buck entre ses mains.

Csak John Thornton tartotta igazán a markában Buck vad szívét.

Le reste de l'humanité n'avait aucune valeur ni signification durable pour Buck.

Az emberiség többi részének nem volt maradandó értéke vagy jelentése Buck számára.

Les étrangers pourraient le féliciter ou caresser sa fourrure avec des mains amicales.

Az idegenek dicsérhetik, vagy barátságosan simogathatják a bundáját.

Buck resta impassible et s'éloigna à cause de trop d'affection.

Buck mozdulatlan maradt, és elsétált a túl sok szeretettől.

Hans et Pete sont arrivés avec le radeau qu'ils attendaient depuis longtemps

Hans és Pete megérkeztek a régóta várt tutajjal

Buck les a ignorés jusqu'à ce qu'il apprenne qu'ils étaient proches de Thornton.

Buck nem törődött velük, amíg meg nem tudta, hogy Thornton közelében vannak.

Après cela, il les a tolérés, mais ne leur a jamais montré toute sa chaleur.

Ezután tolerálta őket, de soha nem mutatott teljes melegséget irántuk.

Il prenait de la nourriture ou des marques de gentillesse de leur part comme s'il leur rendait service.

Úgy fogadott el tőlük ételt vagy kedvességet, mintha szívességet tenne nekik.

Ils étaient comme Thornton : simples, honnêtes et clairs dans leurs pensées.

Olyanok voltak, mint Thornton – egyszerűek, őszinték és világosan gondolkodtak.

Tous ensemble, ils se rendirent à la scierie de Dawson et au grand tourbillon

Mindannyian együtt utaztak Dawson fűrészmalmához és a nagy örvényhez

Au cours de leur voyage, ils ont appris à comprendre profondément la nature de Buck.

Útjuk során mélyen megértették Buck természetét.

Ils n'ont pas essayé de se rapprocher comme Skeet et Nig l'avaient fait.

Nem próbáltak meg közeledni egymáshoz, ahogy Skeet és Nig tették.

Mais l'amour de Buck pour John Thornton n'a fait que s'approfondir avec le temps.

De Buck John Thornton iránti szeretete az idő múlásával csak mélyült.

Seul Thornton pouvait placer un sac sur le dos de Buck en été.

Csak Thornton tudott hátizsákot tenni Buck hátára nyáron.

Quoi que Thornton ordonne, Buck était prêt à l'exécuter pleinement.

Amit Thornton parancsolt, Buck hajlandó volt maradéktalanul teljesíteni.

Un jour, après avoir quitté Dawson pour les sources du Tanana,

Egy nap, miután elhagyták Dawsont a Tanana forrásvidéke felé,

le groupe était assis sur une falaise qui descendait d'un mètre jusqu'au substrat rocheux nu.

A csoport egy sziklán ült, amely egy méterrel a csupasz alapkőzetig ért.

John Thornton était assis près du bord et Buck se reposait à côté de lui.

John Thornton a szélén ült, Buck pedig mellette pihent.

Thornton eut une pensée soudaine et attira l'attention des hommes.

Thorntonnak hirtelen ötlete támadt, és felhívta a férfiak figyelmét.

Il désigna le gouffre et donna un seul ordre à Buck.

Átmutatott a szakadékon, és egyetlen parancsot adott Bucknak.

« Saute, Buck ! » dit-il en balançant son bras au-dessus de la chute.

„Ugorj, Buck!" – mondta, és kinyújtotta a karját a szakadék fölé.

En un instant, il dut attraper Buck, qui sautait pour obéir.

Egy pillanat múlva el kellett kapnia Buckot, aki ugrott, hogy engedelmeskedjen.

Hans et Pete se sont précipités en avant et ont ramené les deux hommes en sécurité.

Hans és Pete előrerohantak, és mindkettőjüket biztonságba húzták.

Une fois que tout fut terminé et qu'ils eurent repris leur souffle, Pete prit la parole.

Miután minden véget ért, és kapkodták a levegőt, Pete megszólalt.

« L'amour est étrange », dit-il, secoué par la dévotion féroce du chien.

– Kísérteties ez a szerelem – mondta, megrendítve a kutya heves odaadásától.

Thornton secoua la tête et répondit avec un sérieux calme.

Thornton megrázta a fejét, és nyugodt komolysággal válaszolt.

« Non, l'amour est splendide », dit-il, « mais aussi terrible. »

– Nem, a szerelem csodálatos – mondta –, de szörnyű is.

« Parfois, je dois l'admettre, ce genre d'amour me fait peur. »

„Be kell vallanom, hogy néha félelemmel tölt el az ilyen szerelem."

Pete hocha la tête et dit : « Je détesterais être l'homme qui te touche. »

Pete bólintott, és azt mondta: „Nem szeretnék én lenni az az ember, aki hozzád ér."

Il regarda Buck pendant qu'il parlait, sérieux et plein de respect.

Miközben beszélt, komolyan és tisztelettejesen nézett Buckra.

« Py Jingo ! » s'empressa de dire Hans. « Moi non plus, non monsieur. »

– Py Jingo! – mondta Hans gyorsan. – Én sem, uram.

Avant la fin de l'année, les craintes de Pete se sont réalisées à Circle City.

Még az év vége előtt Pete félelmei beigazolódtak Circle Cityben.

Un homme cruel nommé Black Burton a provoqué une bagarre dans le bar.

Egy Black Burton nevű kegyetlen férfi verekedést szított a bárban.

Il était en colère et malveillant, s'en prenant à un nouveau tendre.

Dühös és rosszindulatú volt, és egy új zsenge lábúnak rontott.

John Thornton est intervenu, calme et de bonne humeur comme toujours.

John Thornton lépett közbe, nyugodtan és jóindulatúan, mint mindig.

Buck était allongé dans un coin, la tête baissée, observant Thornton de près.

Buck egy sarokban feküdt, lehajtott fejjel, és Thorntont figyelte.

Burton frappa soudainement, son coup envoyant Thornton tourner.

Burton hirtelen lecsapott, az ütése megpörgette Thorntont.

Seule la barre du bar l'a empêché de s'écraser violemment au sol.

Csak a korlát korlátja akadályozta meg, hogy a földre zuhanjon.

Les observateurs ont entendu un son qui n'était ni un aboiement ni un cri.

A megfigyelők egy hangot hallottak, ami nem ugatás vagy vonyítás volt

un rugissement profond sortit de Buck alors qu'il se lançait vers l'homme.

Mély ordítás hallatszott Buckból, miközben a férfi felé indult.

Burton a levé le bras et a sauvé sa vie de justesse.

Burton felemelte a karját, és alig mentette meg az életét.

Buck l'a percuté, le faisant tomber à plat sur le sol.

Buck nekiütközött, és a férfi a földre zuhant.

Buck mordit profondément le bras de l'homme, puis se jeta à la gorge.

Buck mélyen beleharapott a férfi karjába, majd a torkára vetette magát.

Burton n'a pu bloquer que partiellement et son cou a été déchiré.

Burton csak részben tudott blokkolni, és a nyaka szétszakadt.

Des hommes se sont précipités, les bâtons levés, et ont chassé Buck de l'homme ensanglanté.

Férfiak rohantak be, felemelt buzogányokkal, és leterítették Buckot a vérző férfiról.

Un chirurgien est intervenu rapidement pour arrêter l'écoulement du sang.

Egy sebész gyorsan dolgozott, hogy elállítsa a vérzést.

Buck marchait de long en large et grognait, essayant d'attaquer encore et encore.

Buck fel-alá járkált és morgott, újra meg újra támadni próbálva.

Seuls les coups de massue l'ont empêché d'atteindre Burton.

Csak a lendítő botok tartották vissza attól, hogy elérje Burtont.

Une réunion de mineurs a été convoquée et tenue sur place.

Bányászgyűlést hívtak össze és tartottak meg ott helyben.

Ils ont convenu que Buck avait été provoqué et ont voté pour le libérer.

Egyetértettek abban, hogy Buckot provokálták, és megszavazták szabadon bocsátását.

Mais le nom féroce de Buck résonnait désormais dans tous les camps d'Alaska.

De Buck vad neve mostanra Alaszka minden táborában visszhangzott.

Plus tard cet automne-là, Buck sauva à nouveau Thornton d'une nouvelle manière.

Később, azon az őszön, Buck új módon mentette meg Thorntont.

Les trois hommes guidaient un long bateau sur des rapides impétueux.

A három férfi egy hosszú csónakot irányított lefelé a zuhatagokon.

Thornton dirigeait le bateau et donnait des indications pour se rendre sur le rivage.

Thornton a csónakot kormányozta, és a partvonal felé kiabált.

Hans et Pete couraient sur terre, tenant une corde d'arbre en arbre.

Hans és Pete a szárazföldön futottak, egy kötelet tartva fától fáig.

Buck suivait le rythme sur la rive, surveillant toujours son maître.

Buck lépést tartott a parton, mindig a gazdáját figyelve.

À un endroit désagréable, des rochers surplombaient les eaux vives.

Egyik kellemetlen helyen sziklák álltak ki a sebes víz alól.

Hans lâcha la corde et Thornton dirigea le bateau vers le large.

Hans elengedte a kötelet, Thornton pedig szélesre kormányozta a csónakot.

Hans sprinta pour rattraper le bateau en passant devant les rochers dangereux.

Hans rohanva próbálta utolérni a csónakot a veszélyes sziklák között.

Le bateau a franchi le rebord mais a heurté une partie plus forte du courant.

A hajó átjutott a sziklaperemen, de az áramlat egy erősebb szakaszába ütközött.

Hans a attrapé la corde trop vite et a déséquilibré le bateau.

Hans túl gyorsan megragadta a kötelet, és kibillentette az egyensúlyából a csónakot.

Le bateau s'est retourné et a heurté la berge, cul en l'air.

A csónak felborult, és alulról felfelé a partnak csapódott.

Thornton a été jeté dehors et emporté dans la partie la plus sauvage de l'eau.

Thorntont kidobták, és a víz legvadabb részébe sodorták.

Aucun nageur n'aurait pu survivre dans ces eaux mortelles et tumultueuses.

Egyetlen úszó sem élhette volna túl azokban a halálos, száguldó vizekben.

Buck sauta instantanément et poursuivit son maître sur la rivière.

Buck azonnal közbelépett, és üldözőbe vette gazdáját a folyó mentén.

Après trois cents mètres, il atteignit enfin Thornton.

Háromszáz yard után végre elérte Thorntont.

Thornton attrapa la queue de Buck, et Buck se tourna vers le rivage.

Thornton megragadta Buck farkát, és Buck a part felé fordult.

Il nageait de toutes ses forces, luttant contre la force de l'eau.

Teljes erőből úszott, küzdve a víz vad sodrásával.

Ils se déplaçaient en aval plus vite qu'ils ne pouvaient atteindre le rivage.

Gyorsabban haladtak lefelé a folyón, mint ahogy elérték a partot.

Plus loin, la rivière rugissait plus fort alors qu'elle tombait dans des rapides mortels.

Előttük a folyó hangosabban zúgott, ahogy halálos zuhatagokba zuhant.

Les rochers fendaient l'eau comme les dents d'un énorme peigne.

A sziklák úgy hasítottak a vízbe, mint egy hatalmas fésű fogai.

L'attraction de l'eau près de la chute était sauvage et inévitable.

A csepp közelében lévő víz vonzása vad és elkerülhetetlen volt.

Thornton savait qu'ils ne pourraient jamais atteindre le rivage à temps.

Thornton tudta, hogy soha nem érhetnek partra időben.

Il a gratté un rocher, s'est écrasé sur un deuxième,

Átsúrolt egy sziklát, áttört egy másikon,

Et puis il s'est écrasé contre un troisième rocher, l'attrapant à deux mains.

Aztán egy harmadik sziklának csapódott, és mindkét kezével megragadta.

Il lâcha Buck et cria par-dessus le rugissement : « Vas-y, Buck ! Vas-y ! »

Elengedte Buckot, és túlkiabálta a bömbölést: „Rajt, Buck! Rajt!"

Buck n'a pas pu rester à flot et a été emporté par le courant.

Buck nem tudott a felszínen maradni, és az áramlat elsodorta.

Il s'est battu avec acharnement, s'efforçant de se retourner, mais n'a fait aucun progrès.

Keményen küzdött, küszködött a megfordulással, de sehogy sem jutott előre.

Puis il entendit Thornton répéter l'ordre par-dessus le rugissement de la rivière.

Aztán hallotta, ahogy Thornton megismétli a parancsot a folyó morajlása felett.

Buck sortit de l'eau et leva la tête comme pour un dernier regard.

Buck kiágaskodott a vízből, és felemelte a fejét, mintha utoljára pillantana rá.

puis il se retourna et obéit, nageant vers la rive avec résolution.

majd megfordult, engedelmeskedett és elszántan a part felé úszott.

Pete et Hans l'ont tiré à terre au dernier moment possible.

Pete és Hans az utolsó lehetséges pillanatban húzták partra.

Ils savaient que Thornton ne pourrait s'accrocher au rocher que quelques minutes de plus.

Tudták, hogy Thornton már csak percekig kapaszkodhat a sziklába.

Ils coururent sur la berge jusqu'à un endroit bien au-dessus de l'endroit où il était suspendu.

Felrohantak a parton egy helyre, messze afelett, ahol felakasztották.

Ils ont soigneusement attaché la ligne du bateau au cou et aux épaules de Buck.

Gondosan Buck nyakához és vállához kötötték a csónak zsinórját.

La corde était serrée mais suffisamment lâche pour permettre la respiration et le mouvement.

A kötél feszes volt, de elég laza a légzéshez és a mozgáshoz.

Puis ils le jetèrent à nouveau dans la rivière tumultueuse et mortelle.

Aztán ismét beledobták a sebesen hömpölygő, halálos folyóba.

Buck nageait avec audace mais manquait son angle face à la force du courant.

Buck merészen úszott, de elhibázta a megfelelő szöget az áramlat erejével szemben.

Il a vu trop tard qu'il allait dépasser Thornton.

Túl későn vette észre, hogy el fog sodródni Thornton mellett.

Hans tira fort sur la corde, comme si Buck était un bateau en train de chavirer.

Hans megrántotta a kötelet, mintha Buck egy felboruló csónak lenne.

Le courant l'a entraîné vers le fond et il a disparu sous la surface.

Az áramlat magával rántotta, és eltűnt a felszín alatt.

Son corps a heurté la berge avant que Hans et Pete ne le sortent.

Teste a partnak csapódott, mielőtt Hans és Pete kihúzták volna.

Il était à moitié noyé et ils l'ont chassé de l'eau.

Félig megfulladt, és kiöntötték belőle a vizet.

Buck se leva, tituba et s'effondra à nouveau sur le sol.

Buck felállt, megtántorodott, majd ismét a földre rogyott.

Puis ils entendirent la voix de Thornton faiblement portée par le vent.

Aztán meghallották Thornton hangját, melyet halkan vitt a szél.

Même si les mots n'étaient pas clairs, ils savaient qu'il était proche de la mort.

Bár a szavak nem voltak világosak, tudták, hogy a halál szélén áll.

Le son de la voix de Thornton frappa Buck comme une décharge électrique.

Thornton hangja úgy érte Buckot, mint egy elektromos lökés.

Il sauta et courut sur la berge, retournant au point de lancement.

Felugrott és felrohant a parton, visszatérve az indítóálláshoz.

Ils attachèrent à nouveau la corde à Buck, et il entra à nouveau dans le ruisseau.

Újra Buckhoz kötötték a kötelet, és ő ismét belépett a patakba.

Cette fois, il nagea directement et fermement dans l'eau tumultueuse.

Ezúttal egyenesen és határozottan úszott a sebesen áramló vízbe.

Hans laissa sortir la corde régulièrement tandis que Pete l'empêchait de s'emmêler.

Hans egyenletesen engedte ki a kötelet, miközben Pete ügyelt arra, hogy ne gubancolódjon össze.

Buck a nagé avec acharnement jusqu'à ce qu'il soit aligné juste au-dessus de Thornton.

Buck keményen úszott, amíg közvetlenül Thornton felett nem egy vonalban nem volt.

Puis il s'est retourné et a foncé comme un train à toute vitesse.

Aztán megfordult, és úgy száguldott lefelé, mint egy teljes sebességgel száguldó vonat.

Thornton le vit arriver, se redressa et entoura son cou de ses bras.

Thornton meglátta közeledni, felkészült, és átkarolta a nyakát.

Hans a attaché la corde fermement autour d'un arbre alors qu'ils étaient tous les deux entraînés sous l'eau.

Hans erősen körbekötötte a kötelet egy fán, miközben mindkettőjüket aláhúzták.

Ils ont dégringolé sous l'eau, s'écrasant contre des rochers et des débris de la rivière.

Víz alatt zuhantak, szikláknak és folyami törmeléknek csapódva.

Un instant, Buck était au sommet, l'instant d'après, Thornton se levait en haletant.

Az egyik pillanatban Buck még felült, a következőben Thornton zihálva emelkedett fel.

Battus et étouffés, ils se dirigèrent vers la rive et la sécurité.

Összeverődve és fuldokolva a part felé vették az irányt, biztonságba menekülve.

Thornton a repris connaissance, allongé sur un tronc d'arbre.

Thornton egy sodródási rönkön fekve tért magához.

Hans et Pete ont travaillé dur pour lui redonner souffle et vie.

Hans és Pete keményen dolgoztatták, hogy visszaadja a lélegzetét és az életerejét.

Sa première pensée fut pour Buck, qui gisait immobile et mou.

Első gondolata Buck volt, aki mozdulatlanul és ernyedten feküdt.

Nig hurla sur le corps de Buck et Skeet lui lécha doucement le visage.

Nig Buck teste fölött üvöltött, Skeet pedig gyengéden megnyalta az arcát.

Thornton, endolori et meurtri, examina Buck avec des mains prudentes.

Thornton, sebesülten és zúzódásokkal, óvatos kézzel vizsgálgatta Buckot.

Il a trouvé trois côtes cassées, mais aucune blessure mortelle chez le chien.

Három eltört bordát talált, de a kutyán nem voltak halálos sérülések.

« C'est réglé », dit Thornton. « On campe ici. » Et c'est ce qu'ils firent.

– Ez eldöntötte a dolgot – mondta Thornton. – Itt táborozunk. És így is tettek.

Ils sont restés jusqu'à ce que les côtes de Buck soient guéries et qu'il puisse à nouveau marcher.

Addig maradtak, amíg Buck bordái be nem gyógyultak, és újra járni tudott.

Cet hiver-là, Buck accomplit un exploit qui augmenta encore sa renommée.

Azon a télen Buck egy olyan hőstettre tett szert, amely tovább növelte hírnevét.

C'était moins héroïque que de sauver Thornton, mais tout aussi impressionnant.

Kevésbé volt hősies, mint Thornton megmentése, de ugyanolyan lenyűgöző.

À Dawson, les partenaires avaient besoin de provisions pour un long voyage.

Dawsonban a partnereknek ellátmányra volt szükségük egy hosszú útra.

Ils voulaient voyager vers l'Est, dans des terres sauvages et intactes.

Keletre akartak utazni, érintetlen vadonba.

L'acte de Buck dans l'Eldorado Saloon a rendu ce voyage possible.

Buck Eldorado Saloonban tett üzlete tette lehetővé ezt az utat.

Tout a commencé avec des hommes qui se vantaient de leurs chiens en buvant un verre.

Azzal kezdődött, hogy a férfiak iszogatás közben a kutyáikkal hencegtek.

La renommée de Buck a fait de lui la cible de défis et de doutes.

Buck hírneve kihívások és kétségek célpontjává tette.

Thornton, fier et calme, resta ferme dans la défense du nom de Buck.

Thornton büszkén és nyugodtan, határozottan kiállt Buck nevének védelmében.

Un homme a déclaré que son chien pouvait facilement tirer deux cents kilos.

Egy férfi azt mondta, hogy a kutyája könnyedén elhúzhat ötszáz fontot.

Un autre a dit six cents, et un troisième s'est vanté d'en avoir sept cents.

Egy másik hatszázat mondott, egy harmadik pedig hétszázzal dicsekedett.

« Pfft ! » dit John Thornton, « Buck peut tirer un traîneau de mille livres. »

– Pfúj! – mondta John Thornton. – Buck el tud húzni egy ezer kilós szánt is.

Matthewson, un roi de Bonanza, s'est penché en avant et l'a défié.

Matthewson, egy Bonanza King, előrehajolt és kihívást jelentett neki.

« Tu penses qu'il peut mettre autant de poids en mouvement ? »

„Szerinted ekkora súlyt tud mozgatni?"

« Et tu penses qu'il peut tirer le poids sur une centaine de mètres ? »

„És azt hiszed, hogy képes elhúzni a súlyt száz méteren keresztül?"

Thornton répondit froidement : « Oui. Buck est assez doué pour le faire. »

Thornton hűvösen válaszolt: „Igen. Buck elég kutya ahhoz, hogy megcsinálja."

« Il mettra mille livres en mouvement et le tirera sur une centaine de mètres. »

„Ezer fontot mozgat meg, és száz métert is elhúz."

Matthewson sourit lentement et s'assura que tous les hommes entendaient ses paroles.

Matthewson lassan elmosolyodott, és megbizonyosodott róla, hogy mindenki hallja a szavait.

« J'ai mille dollars qui disent qu'il ne peut pas. Le voilà. »

„Van egy ezer dollárom, ami azt jelenti, hogy nem teheti meg. Itt van."

Il a claqué un sac de poussière d'or de la taille d'une saucisse sur le bar.

Egy kolbásznyi nagyságú aranyporos zsákot vágott a bárpultra.

Personne ne dit un mot. Le silence devint pesant et tendu autour d'eux.

Senki sem szólt egy szót sem. A csend egyre súlyosabbá és feszültté vált körülöttük.

Le bluff de Thornton – s'il en était un – avait été pris au sérieux.

Thornton blöffjét – ha egyáltalán blöffnek számított – komolyan vették.

Il sentit la chaleur monter sur son visage tandis que le sang affluait sur ses joues.

Érezte, hogy forróság száll az arcába, ahogy a vér az arcába ömlik.

Sa langue avait pris le pas sur sa raison à ce moment-là.

A nyelve abban a pillanatban megelőzte az eszét.

Il ne savait vraiment pas si Buck pouvait déplacer mille livres.

Tényleg nem tudta, hogy Buck képes-e ezer kilót megmozgatni.

Une demi-tonne ! Rien que sa taille lui pesait le cœur.

Fél tonna! Már a mérete is nehézzé tette a szívét.

Il avait foi en la force de Buck et le pensait capable.

Bízott Buck erejében, és képesnek tartotta rá.

Mais il n'avait jamais été confronté à ce genre de défi, pas comme celui-ci.

De még soha nem nézett szembe ilyen kihívással, nem ehhez hasonlóval.

Une douzaine d'hommes l'observaient tranquillement, attendant de voir ce qu'il allait faire.

Egy tucat férfi figyelte csendben, várva, mit fog tenni.

Il n'avait pas d'argent, ni Hans ni Pete.

Nem volt rá pénze – Hansnak és Pete-nek sem.

« J'ai un traîneau dehors », dit Matthewson froidement et directement.

– Van kint egy szánkóm – mondta Matthewson hidegen és határozottan.

« Il est chargé de vingt sacs de cinquante livres chacun, tous de farine.

„Húsz zsákkal van megrakva, mindegyik ötven font, mind liszt."

« Alors ne laissez pas un traîneau manquant devenir votre excuse maintenant », a-t-il ajouté.

Szóval ne egy eltűnt szánkó legyen most a kifogásod" – tette hozzá.

Thornton resta silencieux. Il ne savait pas quels mots lui dire.

Thornton némán állt. Nem tudta, mit mondjon.

Il regarda les visages autour de lui sans les voir clairement.

Körülnézett az arcokon anélkül, hogy tisztán látta volna őket.

Il ressemblait à un homme figé dans ses pensées, essayant de redémarrer.

Úgy nézett ki, mint aki gondolataiba merülve próbál újrakezdeni.

Puis il a vu Jim O'Brien, un ami de l'époque Mastodon.

Aztán meglátta Jim O'Brient, a Mastodon-kori barátját.

Ce visage familier lui a donné un courage qu'il ne savait pas avoir.

Az ismerős arc olyan bátorságot adott neki, amiről nem is tudott.

Il se tourna et demanda à voix basse : « Peux-tu me prêter mille ? »

Megfordult, és halkan megkérdezte: „Tudnál kölcsönadni nekem ezrest?"

« Bien sûr », dit O'Brien, laissant déjà tomber un lourd sac près de l'or.

– Persze – mondta O'Brien, és máris elejtett egy nehéz zsákot az arany mellett.

« Mais honnêtement, John, je ne crois pas que la bête puisse faire ça. »

„De őszintén szólva, John, nem hiszem, hogy a szörnyeteg képes lenne erre."

Tout le monde dans le Saloon Eldorado s'est précipité dehors pour voir l'événement.

Az Eldorado Szalonban mindenki kiszaladt, hogy lássa az eseményt.

Ils ont laissé les tables et les boissons, et même les jeux ont été interrompus.

Elhagyták az asztalokat és az italokat, sőt, még a játékokat is szüneteltették.

Les croupiers et les joueurs sont venus assister à la fin de ce pari audacieux.

Osztók és szerencsejátékosok gyűltek össze, hogy tanúi legyenek a merész fogadás végének.

Des centaines de personnes se sont rassemblées autour du traîneau dans la rue glacée.

Több százan gyűltek össze a szánkó körül a jeges, nyílt utcán.

Le traîneau de Matthewson était chargé d'une charge complète de sacs de farine.

Matthewson szánja tele volt liszteszsákokkal.

Le traîneau était resté immobile pendant des heures à des températures négatives.

A szán órák óta állt mínuszokban.

Les patins du traîneau étaient gelés et collés à la neige tassée.

A szánkó talpai szorosan odafagytak a letaposott hóhoz.

Les hommes ont offert une cote de deux contre un que Buck ne pourrait pas déplacer le traîneau.

A férfiak kétszeres oddsot tettek arra, hogy Buck nem tudja megmozdítani a szánt.

Une dispute a éclaté sur ce que signifiait réellement « sortir ».

Vita alakult ki arról, hogy mit is jelent valójában a „kitörés".

O'Brien a déclaré que Thornton devrait desserrer la base gelée du traîneau.

O'Brien azt mondta Thorntonnak, hogy lazítsa meg a szánkó befagyott talpát.

Buck pourrait alors « sortir » d'un départ solide et immobile.

Buck ezután „kitörhetett" egy szilárd, mozdulatlan kezdetből.

Matthewson a soutenu que le chien devait également libérer les coureurs.

Matthewson azzal érvelt, hogy a kutyának a futókat is ki kell szabadítania.

Les hommes qui avaient entendu le pari étaient d'accord avec le point de vue de Matthewson.

A férfiak, akik hallották a fogadást, egyetértettek Matthewson nézetével.

Avec cette décision, les chances sont passées à trois contre un contre Buck.

Ezzel a döntéssel az esélyek három az egyhez ugrottak Buck ellen.

Personne ne s'est manifesté pour prendre en compte les chances croissantes de trois contre un.

Senki sem lépett elő, hogy elfogadja a növekvő háromszoros esélyt.

Pas un seul homme ne croyait que Buck pouvait accomplir un tel exploit.

Egyetlen ember sem hitte, hogy Buck képes lenne erre a nagy tettre.

Thornton s'était précipité dans le pari, lourd de doutes.

Thorntont sietve, kétségek gyötörték, sürgették a fogadást.

Il regarda alors le traîneau et l'attelage de dix chiens à côté.

Most a szánt és a mellette lévő tízkutyás fogatot nézte.

En voyant la réalité de la tâche, elle semblait encore plus impossible.

A feladat valóságának láttán az még lehetetlenebbnek tűnt.

Matthewson était plein de fierté et de confiance à ce moment-là.

Matthewson abban a pillanatban tele volt büszkeséggel és magabiztossággal.

« Trois contre un ! » cria-t-il. « Je parie mille de plus, Thornton !

– Három az egyhez! – kiáltotta. – Fogadok még ezerbe, Thornton!

« Que dites-vous ? » ajouta-t-il, assez fort pour que tout le monde l'entende.

– Mit mondasz? – tette hozzá elég hangosan ahhoz, hogy mindenki hallja.

Le visage de Thornton exprimait ses doutes, mais son esprit s'était élevé.

Thornton arcán látszottak a kétségek, de a lelkesedés már javult.

Cet esprit combatif ignorait les probabilités et ne craignait rien du tout.

Ez a harci szellem figyelmen kívül hagyta az esélyeket, és semmitől sem félt.

Il a appelé Hans et Pete pour apporter tout leur argent sur la table.

Felhívta Hanst és Pete-et, hogy hozzák össze az összes pénzüket.

Il ne leur restait plus grand-chose : seulement deux cents dollars au total.

Kevés pénzük maradt – összesen csak kétszáz dollár.

Cette petite somme représentait toute leur fortune pendant les temps difficiles.

Ez a kis összeg jelentette a teljes vagyonukat a nehéz időkben.

Pourtant, ils ont misé toute leur fortune contre le pari de Matthewson.

Mégis, az összes vagyonukat Matthewson fogadására tették fel.

L'attelage de dix chiens a été dételé et éloigné du traîneau.

A tíz kutyából álló csapatot leválasztották a szánról, és elhúztak a szánkótól.

Buck a été placé dans les rênes, portant son harnais familier.

Buckot a gyeplőbe helyezték, és a hátán viselte a megszokott hámját.

Il avait capté l'énergie de la foule et ressenti la tension.

Érezte a tömeg energiáját és a feszültséget.

D'une manière ou d'une autre, il savait qu'il devait faire quelque chose pour John Thornton.

Valahogy tudta, hogy tennie kell valamit John Thorntonért.

Les gens murmuraient avec admiration devant la fière silhouette du chien.

Az emberek csodálattal mormogtak a kutya büszke alakjára.

Il était mince et fort, sans une seule once de chair supplémentaire.

Sovány és erős volt, egyetlen grammnyi felesleges hús nélkül.

Son poids total de cent cinquante livres n'était que puissance et endurance.

Százötven fontnyi teljes súlya csupa erő és kitartás volt.

Le pelage de Buck brillait comme de la soie, épais de santé et de force.

Buck bundája selyemként csillogott, egészségtől és erőtől átitatva.

La fourrure le long de son cou et de ses épaules semblait se soulever et se hérisser.

A nyakán és a vállán a szőr mintha felpúposodott volna és felborzolódott volna.

Sa crinière bougeait légèrement, chaque cheveu vivant de sa grande énergie.

Sörénye kissé megmozdult, minden egyes szőrszála életre kelt hatalmas energiájától.

Sa large poitrine et ses jambes fortes correspondaient à sa silhouette lourde et robuste.

Széles mellkasa és erős lábai tökéletesen illettek nehézkes, szívós testalkatához.

Des muscles ondulaient sous son manteau, tendus et fermes comme du fer lié.

Izmai hullámoztak a kabátja alatt, feszesek és szilárdak, mint a megkötött vas.

Les hommes le touchaient et juraient qu'il était bâti comme une machine en acier.

A férfiak megérintették, és megesküdtek, hogy úgy van felépítve, mint egy acélszerkezet.

Les chances ont légèrement baissé à deux contre un contre le grand chien.

Az esélyek kissé csökkentek, kettő az egyhez a nagy kutya ellen.

Un homme des bancs de Skookum s'avança en bégayant.

Egy férfi a Skookum padokról dadogva előretolta magát.

« Bien, monsieur ! J'offre huit cents pour lui – avant l'examen, monsieur ! »

„Rendben van, uram! Nyolcszázat ajánlok érte… a próba előtt, uram!"

« Huit cents, tel qu'il est en ce moment ! » insista l'homme.

„Nyolcszáz, ahogy most áll!" – erősködött a férfi.

Thornton s'avança, sourit et secoua calmement la tête.

Thornton előrelépett, elmosolyodott, és nyugodtan megrázta a fejét.

Matthewson est rapidement intervenu avec une voix d'avertissement et un froncement de sourcils.

Matthewson gyorsan közbelépett figyelmeztető hangon és összevont szemöldökkel.

« Éloignez-vous de lui », dit-il. « Laissez-lui de l'espace. »

„El kell távolodnod tőle" – mondta. „Adj neki teret."

La foule se tut ; seuls les joueurs continuaient à miser deux contre un.

A tömeg elcsendesedett; csak a szerencsejátékosok ajánlottak még mindig kettőt az egyhez.

Tout le monde admirait la carrure de Buck, mais la charge semblait trop lourde.

Mindenki csodálta Buck testalkatát, de a rakomány túl nagynak tűnt.

Vingt sacs de farine, pesant chacun cinquante livres, semblaient beaucoup trop.

Húsz zsák liszt – egyenként ötven font súlyú – túl soknak tűnt.

Personne n'était prêt à ouvrir sa bourse et à risquer son argent.

Senki sem volt hajlandó kinyitni az erszényét és kockáztatni a pénzét.

Thornton s'agenouilla à côté de Buck et prit sa tête à deux mains.

Thornton letérdelt Buck mellé, és két kezébe fogta a fejét.

Il pressa sa joue contre celle de Buck et lui parla à l'oreille.

Arcát Buck arcához nyomta, és a fülébe suttogott.

Il n'y avait plus de secousses enjouées ni d'insultes affectueuses murmurées.

Most nem volt játékos rázogatás vagy suttogott szerelmes sértések.

Il murmura simplement doucement : « Autant que tu m'aimes, Buck. »

Csak halkan mormolta: „Amennyire szeretsz, Buck."

Buck émit un gémissement silencieux, son impatience à peine contenue.

Buck halkan nyüszített, alig fékezte a lelkesedését.

Les spectateurs observaient avec curiosité la tension qui emplissait l'air.

A nézők kíváncsian figyelték, ahogy a feszültség betöltötte a levegőt.

Le moment semblait presque irréel, comme quelque chose qui dépassait la raison.

A pillanat szinte valószerűtlennek tűnt, mint valami
értelmetlen dolog.

**Lorsque Thornton se leva, Buck prit doucement sa main
dans ses mâchoires.**

Amikor Thornton felállt, Buck gyengéden megfogta a kezét.

**Il appuya avec ses dents, puis relâcha lentement et
doucement.**

Fogaival lenyomta, majd lassan és gyengéden elengedte.

**C'était une réponse silencieuse d'amour, non prononcée,
mais comprise.**

A szeretet néma válasza volt, nem kimondva, hanem
megértve.

Thornton s'éloigna du chien et donna le signal.

Thornton jó messzire hátrébb lépett a kutyától, és megadta a
jelet.

**« Maintenant, Buck », dit-il, et Buck répondit avec un calme
concentré.**

– Na, Buck – mondta, mire Buck nyugodtan válaszolt.

**Buck a resserré les traces, puis les a desserrées de quelques
centimètres.**

Buck meghúzta a szíjakat, majd néhány centivel meglazította
őket.

**C'était la méthode qu'il avait apprise ; sa façon de briser le
traîneau.**

Ezt a módszert tanulta meg; így törte össze a szánt.

**« Tiens ! » cria Thornton, sa voix aiguë dans le silence
pesant.**

– Hűha! – kiáltotta Thornton éles hangon a nehéz csendben.

Buck se tourna vers la droite et se jeta de tout son poids.

Buck jobbra fordult, és teljes súlyával előrelendült.

**Le mou disparut et toute la masse de Buck heurta les lignes
serrées.**

A lazaság eltűnt, és Buck teljes súlyával a feszes sínre
csapódott.

**Le traîneau tremblait et les patins émettaient un bruit de
crépitement.**

A szán remegett, a talpak pedig ropogós, ropogó hangot adtak ki.

« Haw ! » ordonna Thornton, changeant à nouveau la direction de Buck.

– Haw! – parancsolta Thornton, ismét Buck irányát váltva.

Buck répéta le mouvement, cette fois en tirant brusquement vers la gauche.

Buck megismételte a mozdulatot, ezúttal élesen balra húzódott.

Le traîneau craquait plus fort, les patins claquaient et se déplaçaient.

A szán hangosabban recsegett, a talpak recsegtek és mozdultak.

La lourde charge glissait légèrement latéralement sur la neige gelée.

A nehéz teher kissé oldalra csúszott a fagyott havon.

Le traîneau s'était libéré de l'emprise du sentier glacé !

A szánkó kiszabadult a jeges ösvény szorításából!

Les hommes retenaient leur souffle, ignorant qu'ils ne respiraient même pas.

A férfiak visszatartották a lélegzetüket, nem is sejtették, hogy nem lélegznek.

« Maintenant, TIREZ ! » cria Thornton à travers le silence glacial.

„Most HÚZZATOK!" – kiáltotta Thornton a dermedt csendben.

L'ordre de Thornton résonna fort, comme le claquement d'un fouet.

Thornton parancsa élesen harsant, mint egy ostor csattanása.

Buck se jeta en avant avec un mouvement violent et saccadé.

Buck egy vad és rázkódással előrevetette magát.

Tout son corps se tendit et se contracta sous l'énorme tension.

Az egész teste megfeszült és összerándult a hatalmas nyomástól.

Des muscles ondulaient sous sa fourrure comme des serpents prenant vie.

Izmai úgy hullámoztak a bundája alatt, mint életre kelő kígyók.

Sa large poitrine était basse, la tête tendue vers l'avant en direction du traîneau.

Hatalmas mellkasa alacsonyan volt, feje előrenyújtva a szánkó felé.

Ses pattes bougeaient comme l'éclair, ses griffes tranchant le sol gelé.

Mancsai villámként mozogtak, karmaikkal hasították a fagyott földet.

Des rainures ont été creusées profondément alors qu'il luttait pour chaque centimètre de traction.

Mély barázdákat vágott a talaj, miközben minden négyzetcentiméternyi tapadásért küzdött.

Le traîneau se balança, trembla et commença un mouvement lent et agité.

A szánkó ringatózott, remegett, és lassú, nyugtalan mozgásba kezdett.

Un pied a glissé et un homme dans la foule a gémi à haute voix.

Megcsúszott az egyik lába, és egy férfi a tömegben hangosan felnyögött.

Puis le traîneau s'élança en avant dans un mouvement saccadé et brusque.

Aztán a szánkó rángatózó, durva mozdulattal előrelendült.

Cela ne s'est pas arrêté à nouveau - un demi-pouce... un pouce... deux pouces de plus.

Nem állt meg újra – fél hüvelyk... egy hüvelyk... még öt hüvelyk.

Les secousses devinrent plus faibles à mesure que le traîneau commençait à prendre de la vitesse.

A rándulások egyre kisebbek lettek, ahogy a szánkó sebességet kezdett gyűjteni.

Bientôt, Buck tirait avec une puissance douce et régulière.

Buck hamarosan sima, egyenletes, guruló erővel húzott.

Les hommes haletèrent et finirent par se rappeler de respirer à nouveau.

A férfiak felnyögtek, és végre eszébe jutott újra levegőt venni.

Ils n'avaient pas remarqué que leur souffle s'était arrêté de stupeur.

Nem vették észre, hogy a lélegzetük elállt a félelemtől.

Thornton courait derrière, lançant des ordres courts et joyeux.

Thornton mögöttük futott, rövid, vidám parancsokat kiabálva.

Devant nous se trouvait une pile de bois de chauffage qui marquait la distance.

Előttük egy tűzifahalom jelezte a távolságot.

Alors que Buck s'approchait du tas, les acclamations devenaient de plus en plus fortes.

Ahogy Buck közeledett a halomhoz, az éljenzés egyre hangosabb lett.

Les acclamations se sont transformées en rugissement lorsque Buck a dépassé le point d'arrivée.

Az éljenzés üvöltéssé erősödött, ahogy Buck elhaladt a végpont mellett.

Les hommes ont sauté et crié, même Matthewson a esquissé un sourire.

A férfiak ugráltak és kiabáltak, még Matthewson is elvigyorodott.

Les chapeaux volaient dans les airs, les mitaines étaient lancées sans réfléchir ni viser.

Kalapok repültek a levegőbe, kesztyűk dobálóztak gondolkodás és céltalanul.

Les hommes se sont attrapés et se sont serré la main sans savoir à qui.

A férfiak megragadták egymást, és kezet fogtak egymással, anélkül, hogy tudták volna, kivel.

Toute la foule bourdonnait d'une célébration folle et joyeuse.

Az egész tömeg vad, örömteli ünneplésben zümmögött.

Thornton tomba à genoux à côté de Buck, les mains tremblantes.

Thornton remegő kézzel rogyott térdre Buck mellett.

Il pressa sa tête contre celle de Buck et le secoua doucement
d'avant en arrière.

Fejét Buck fejéhez nyomta, és gyengéden előre-hátra rázta.

Ceux qui s'approchaient l'entendaient maudire le chien avec
un amour silencieux.

Akik közeledtek, hallották, ahogy csendes szeretettel átkozza
a kutyát.

Il a insulté Buck pendant un long moment, doucement,
chaleureusement, avec émotion.

Hosszan káromkodott Buckkal – halkan, melegen, érzelmesen.

« Bien, monsieur ! Bien, monsieur ! » s'écria précipitamment
le roi du Banc Skookum.

– Jó, uram! Jó, uram! – kiáltotta sietve a Skookum pad királya.

« Je vous donne mille, non, douze cents, pour ce chien,
monsieur ! »

„Ezret… nem, ezerkétszázat… adok azért a kutyáért, uram!"

Thornton se leva lentement, les yeux brillants d'émotion.

Thornton lassan feltápászkodott, szeme csillogott az
érzelmektől.

Les larmes coulaient ouvertement sur ses joues sans aucune
honte.

Könnyek patakokban folytak az arcán, minden szégyenkezés
nélkül.

« Monsieur », dit-il au roi du banc Skookum, ferme et posé.

– Uram – mondta a Skookum pad királyának szilárdan és
határozottan.

« Non, monsieur. Allez au diable, monsieur. C'est ma
réponse définitive. »

„Nem, uram. Mehet a pokolba, uram. Ez a végső válaszom."

Buck attrapa doucement la main de Thornton dans ses
mâchoires puissantes.

Buck erős állkapcsával gyengéden megragadta Thornton
kezét.

Thornton le secoua de manière enjouée, leur lien étant plus
profond que jamais.

Thornton játékosan megrázta, a köztük lévő kötelék továbbra
is mély volt.

La foule, émue par l'instant, recula en silence.
A pillanatnyi meghatottságtól meghatott tömeg csendben hátrált.
Dès lors, personne n'osa interrompre cette affection si sacrée.
Attól kezdve senki sem merte félbeszakítani ezt a szent szeretetet.

Le son de l'appel
A hívás hangja

Buck avait gagné seize cents dollars en cinq minutes.

Buck öt perc alatt tizenhatszáz dollárt keresett.

Cet argent a permis à John Thornton de payer une partie de ses dettes.

A pénz lehetővé tette John Thornton számára, hogy kifizesse adósságainak egy részét.

Avec le reste de l'argent, il se dirigea vers l'Est avec ses partenaires.

A maradék pénzzel keletre indult a társaival.

Ils cherchaient une mine perdue légendaire, aussi vieille que le pays lui-même.

Egy legendás elveszett bányát kerestek, amely olyan régi, mint maga az ország.

Beaucoup d'hommes avaient cherché la mine, mais peu l'avaient trouvée.

Sokan keresték a bányát, de kevesen találták meg.

Plus d'un homme avait disparu au cours de cette quête dangereuse.

A veszélyes küldetés során jó néhány ember tűnt el.

Cette mine perdue était enveloppée à la fois de mystère et d'une vieille tragédie.

Ez az elveszett bánya rejtélybe és régi tragédiába burkolózott.

Personne ne savait qui avait été le premier homme à découvrir la mine.

Senki sem tudta, ki volt az első ember, aki megtalálta a bányát.

Les histoires les plus anciennes ne mentionnent personne par son nom.

A legrégebbi történetek senkit sem említenek név szerint.

Il y avait toujours eu là une vieille cabane délabrée.

Mindig is állt ott egy régi, romos kunyhó.

Des hommes mourants avaient juré qu'il y avait une mine à côté de cette vieille cabane.

A haldoklók megesküdtek, hogy egy bánya van a régi kunyhó mellett.

Ils ont prouvé leurs histoires avec de l'or comme on n'en trouve nulle part ailleurs.

Olyan arannyal bizonyították történetüket, amilyet sehol máshol nem találtak.

Aucune âme vivante n'avait jamais pillé le trésor de cet endroit.

Élő lélek sem zsákmányolta még soha a kincset arról a helyről.

Les morts étaient morts, et les morts ne racontent pas d'histoires.

A halottak halottak voltak, és a halottak nem mesélnek.

Thornton et ses amis se dirigèrent donc vers l'Est.

Thornton és barátai tehát kelet felé vették az irányt.

Pete et Hans se sont joints à eux, amenant Buck et six chiens forts.

Pete és Hans csatlakoztak, magukkal hozva Buckot és hat erős kutyát.

Ils se sont lancés sur un chemin inconnu là où d'autres avaient échoué.

Ismeretlen ösvényen indultak el, ahol mások kudarcot vallottak.

Ils ont parcouru soixante-dix milles en traîneau sur le fleuve Yukon gelé.

Hetven mérföldet szánkóztak felfelé a befagyott Yukon folyón.

Ils tournèrent à gauche et suivirent le sentier jusqu'au Stewart.

Balra fordultak, és követték az ösvényt a Stewart-folyóba.

Ils passèrent le Mayo et le McQuestion, poursuivant leur route.

Elhagyták a Mayo és a McQuestion folyót, és egyre messzebbre nyomultak.

Le Stewart s'est rétréci en un ruisseau, traversant des pics déchiquetés.

A Stewart folyóvá zsugorodott, csipkézett csúcsok között kanyarogva.

Ces pics acérés marquaient l'épine dorsale même du continent.

Ezek az éles csúcsok jelölték a kontinens gerincét.

John Thornton exigeait peu des hommes ou de la nature sauvage.
John Thornton keveset követelt az emberektől vagy a vad földtől.

Il ne craignait rien dans la nature et affrontait la nature sauvage avec aisance.
Semmitől sem félt a természetben, és könnyedén szembenézett a vadonnal.

Avec seulement du sel et un fusil, il pouvait voyager où il le souhaitait.
Csak sóval és egy puskával utazhatott, ahová csak akart.

Comme les indigènes, il chassait de la nourriture pendant ses voyages.
A bennszülöttekhez hasonlóan ő is vadászott élelemre, miközben utazott.

S'il n'attrapait rien, il continuait, confiant en la chance qui l'attendait.
Ha nem fogott semmit, folytatta útját, bízva a szerencsében.

Au cours de ce long voyage, la viande était la principale nourriture qu'ils mangeaient.
Ezen a hosszú úton a hús volt a fő táplálékuk.

Le traîneau contenait des outils et des munitions, mais aucun horaire strict.
A szán szerszámokat és lőszert tartalmazott, de nem volt szigorú menetrend.

Buck adorait cette errance, la chasse et la pêche sans fin.
Buck imádta ezt a vándorlást; a végtelen vadászatot és horgászatot.

Pendant des semaines, ils ont voyagé jour après jour.
Heteken át utaztak nap mint nap.

D'autres fois, ils établissaient des camps et restaient immobiles pendant des semaines.
Máskor tábort vertek, és hetekig mozdulatlanul maradtak.

Les chiens se reposaient pendant que les hommes creusaient dans la terre gelée.
A kutyák pihentek, miközben a férfiak a fagyott földben ástak.

Ils chauffaient des poêles sur des feux et cherchaient de l'or caché.

Tűz felett melegítették a serpenyőket, és rejtett aranyat kerestek.

Certains jours, ils souffraient de faim, et d'autres jours, ils faisaient des festins.

Voltak napok, amikor éheztek, és voltak napok, amikor lakomákat rendeztek.

Leurs repas dépendaient du gibier et de la chance de la chasse.

Étkezésük a vadtól és a vadászat szerencséjétől függött.

Quand l'été arrivait, les hommes et les chiens chargeaient des charges sur leur dos.

Amikor eljött a nyár, a férfiak és a kutyák rakományt pakoltak a hátukra.

Ils ont fait du rafting sur des lacs bleus cachés dans des forêts de montagne.

Hegyi erdőkben megbúvó kék tavakon eveztek át.

Ils naviguaient sur des bateaux minces sur des rivières qu'aucun homme n'avait jamais cartographiées.

Karcsú csónakokkal vitorláztak olyan folyókon, amelyeket ember még soha nem térképezett fel.

Ces bateaux ont été construits à partir d'arbres sciés dans la nature.

Azokat a hajókat a vadonban kivágott fákból építették.

Les mois passèrent et ils sillonnèrent des terres sauvages et inconnues.

Teltek a hónapok, ők pedig vad, ismeretlen vidékeken bolyongtak.

Il n'y avait pas d'hommes là-bas, mais de vieilles traces suggéraient qu'il y en avait eu.

Nem voltak ott férfiak, de a régi nyomok arra utaltak, hogy voltak ott férfiak.

Si la Cabane Perdue était réelle, alors d'autres étaient déjà passés par là.

Ha az Elveszett Kunyhó valóságos volt, akkor mások is jártak már erre.

Ils traversaient des cols élevés dans des blizzards, même pendant l'été.

Magas hágókon keltek át hóviharokban, még nyáron is.

Ils frissonnaient sous le soleil de minuit sur les pentes nues des montagnes.

Vacogtak az éjféli nap alatt a kopár hegyoldalakon.

Entre la limite des arbres et les champs de neige, ils montaient lentement.

A fasor és a hómezők között lassan kapaszkodtak felfelé.

Dans les vallées chaudes, ils écrasaient des nuages de moucherons et de mouches.

Meleg völgyekben szúnyog- és legyfelhőket csapkodtak.

Ils cueillaient des baies sucrées près des glaciers en pleine floraison estivale.

Teljes nyári virágzásban édes bogyókat szedtek a gleccserek közelében.

Les fleurs qu'ils ont trouvées étaient aussi belles que celles du Southland.

A virágok, amiket találtak, ugyanolyan szépek voltak, mint a Délvidéken.

Cet automne-là, ils atteignirent une région solitaire remplie de lacs silencieux.

Azon az őszön egy magányos vidékre értek, tele csendes tavakkal.

La terre était triste et vide, autrefois pleine d'oiseaux et de bêtes.

A föld szomorú és üres volt, valaha madaraktól és állatoktól élt.

Il n'y avait plus de vie, seulement le vent et la glace qui se formait dans les flaques.

Most már nem volt élet, csak a szél és a tócsákban képződő jég.

Les vagues s'écrasaient sur les rivages déserts avec un son doux et lugubre.

A hullámok halk, gyászos hanggal csapkodták az üres
partokat.

**Un autre hiver arriva et ils suivirent à nouveau de vieux
sentiers lointains.**
Újabb tél jött, és ismét halvány, régi ösvényeket követtek.
**C'étaient les traces d'hommes qui les avaient cherchés bien
avant eux.**
Ezek azoknak a férfiaknak a nyomai voltak, akik már jóval
előttük kerestek.
**Un jour, ils trouvèrent un chemin creusé profondément dans
la forêt sombre.**
Egyszer csak találtak egy ösvényt, ami mélyen a sötét erdőbe
vezetett.
**C'était un vieux sentier, et ils sentaient que la cabane perdue
était proche.**
Régi ösvény volt, és úgy érezték, hogy az elveszett kunyhó a
közelben van.
**Mais le sentier ne menait nulle part et s'enfonçait dans les
bois épais.**
De az ösvény sehová sem vezetett, és beleveszett a sűrű
erdőbe.
Personne ne savait qui avait fait ce sentier et pourquoi.
Ki tette meg az ösvényt, és miért, senki sem tudta.
**Plus tard, ils ont trouvé l'épave d'un lodge caché parmi les
arbres.**
Később megtalálták a fák között megbúvó kunyhó roncsait.
**Des couvertures pourries gisaient éparpillées là où
quelqu'un avait dormi.**
Rohadó takarók hevertek szanaszét ott, ahol valaha valaki
aludt.
**John Thornton a trouvé un fusil à silex à long canon enterré
à l'intérieur.**
John Thornton egy hosszú csövű kovás puskát talált elásva a
belsejében.
**Il savait qu'il s'agissait d'un fusil de la Baie d'Hudson
depuis les premiers jours de son commerce.**

Tudta, hogy ez egy Hudson Bay-i fegyver, még a kereskedés korai napjaiból.

À cette époque, ces armes étaient échangées contre des piles de peaux de castor.

Azokban az időkben az ilyen fegyvereket hódbőrkötegekért adták el.

C'était tout : il ne restait aucune trace de l'homme qui avait construit le lodge.

Ennyi volt az egész – semmi nyoma sem maradt annak az embernek, aki a kunyhót építette.

Le printemps est revenu et ils n'ont trouvé aucun signe de la Cabane Perdue.

Újra eljött a tavasz, és az Elveszett Kunyhónak semmi jelét nem találták.

Au lieu de cela, ils trouvèrent une large vallée avec un ruisseau peu profond.

Ehelyett egy széles völgyet találtak sekély patakkal.

L'or recouvrait le fond des casseroles comme du beurre jaune et lisse.

Az arany sima, sárga vajként feküdt a serpenyők alján.

Ils s'arrêtèrent là et ne cherchèrent plus la cabane.

Megálltak ott, és nem keresték tovább a kunyhót.

Chaque jour, ils travaillaient et trouvaient des milliers de pièces d'or en poudre.

Minden nap dolgoztak, és ezreket találtak aranyporban.

Ils ont emballé l'or dans des sacs de peau d'élan, de cinquante livres chacun.

Ötven font súlyú jávorszarvasbőr zsákokba csomagolták az aranyat.

Les sacs étaient empilés comme du bois de chauffage à l'extérieur de leur petite loge.

A zsákok tűzifaként hevertek egymásra halmozva a kis kunyhójuk előtt.

Ils travaillaient comme des géants et les jours passaient comme des rêves rapides.

Óriásokként dolgoztak, a napok pedig gyorsan teltek, mint az álom.

Ils ont amassé des trésors au fil des jours sans fin.

Kincset halmoztak fel, ahogy a végtelen napok gyorsan teltek.

Les chiens n'avaient pas grand-chose à faire, à part transporter de la viande de temps en temps.

A kutyáknak nem sok dolguk akadt, azon kívül, hogy néha-néha húst cipeltek.

Thornton chassait et tuait le gibier, et Buck restait allongé près du feu.

Thornton vadászott és ejtette a vadat, Buck pedig a tűz mellett feküdt.

Il a passé de longues heures en silence, perdu dans ses pensées et ses souvenirs.

Hosszú órákat töltött csendben, elveszve a gondolataiban és az emlékeiben.

L'image de l'homme poilu revenait de plus en plus souvent à l'esprit de Buck.

A szőrös férfi képe egyre gyakrabban jelent meg Buck elméjében.

Maintenant que le travail se faisait rare, Buck rêvait en clignant des yeux devant le feu.

Most, hogy kevés volt a munka, Buck a tűzbe pislogva álmodozott.

Dans ces rêves, Buck errait avec l'homme dans un autre monde.

Ezekben az álmokban Buck a férfival bolyongott egy másik világban.

La peur semblait être le sentiment le plus fort dans ce monde lointain.

A félelem tűnt a legerősebb érzésnek abban a távoli világban.

Buck vit l'homme poilu dormir avec la tête baissée.

Buck látta, hogy a szőrös férfi lehajtott fejjel alszik.

Ses mains étaient jointes et son sommeil était agité et interrompu.

Kezei összekulcsolva voltak, álma nyugtalan és megszakadt volt.

Il se réveillait en sursaut et regardait avec crainte dans le noir.

Riadtan ébredt, és félelemmel bámult a sötétbe.

Ensuite, il jetait plus de bois sur le feu pour garder la flamme vive.

Aztán még fát tett a tűzre, hogy a láng élénk maradjon.

Parfois, ils marchaient le long d'une plage au bord d'une mer grise et infinie.

Néha a szürke, végtelen tenger partján sétáltak.

L'homme poilu ramassait des coquillages et les mangeait en marchant.

A szőrös férfi kagylókat szedett és evett belőlük menet közben.

Ses yeux cherchaient toujours des dangers cachés dans l'ombre.

Szeme mindig a homályban rejlő veszélyeket kereste.

Ses jambes étaient toujours prêtes à sprinter au premier signe de menace.

A lábai mindig készen álltak, hogy az első fenyegetésre sprintelni tudjanak.

Ils rampaient à travers la forêt, silencieux et méfiants, côte à côte.

Némán és óvatosan, egymás mellett lopakodtak át az erdőn.

Buck le suivit sur ses talons, et tous deux restèrent vigilants.

Buck a nyomában követte, és mindketten éberek maradtak.

Leurs oreilles frémissaient et bougeaient, leurs nez reniflaient l'air.

Fülük rángatózott és mozgott, orruk a levegőt szimatolta.

L'homme pouvait entendre et sentir la forêt aussi intensément que Buck.

A férfi ugyanolyan élesen hallotta és szagolta az erdőt, mint Buck.

L'homme poilu se balançait à travers les arbres avec une vitesse soudaine.

A szőrös férfi hirtelen sebességgel átlendült a fák között.

Il sautait de branche en branche, sans jamais lâcher prise.

Ágról ágra ugrált, soha nem tévedett el a szorításából.

Il se déplaçait aussi vite au-dessus du sol que sur celui-ci.

Ugyanolyan gyorsan mozgott a föld felett, mint rajta.

Buck se souvenait des longues nuits passées sous les arbres, à veiller.

Buck emlékezett a fák alatt töltött hosszú éjszakákra, miközben virrasztott.

L'homme dormait perché dans les branches, s'accrochant fermement.

A férfi az ágakon aludt, szorosan kapaszkodva.

Cette vision de l'homme poilu était étroitement liée à l'appel des profondeurs.

A szőrös férfiról alkotott vízió szorosan kötődött a mély híváshoz.

L'appel résonnait toujours à travers la forêt avec une force obsédante.

A hívás még mindig kísérteties erővel hallatszott az erdőn keresztül.

L'appel remplit Buck de désir et d'un sentiment de joie incessant.

A hívás vágyakozással és nyugtalan örömmel töltötte el Buckot.

Il ressentait d'étranges pulsions et des frémissements qu'il ne pouvait nommer.

Furcsa késztetéseket és izgalmakat érzett, amiket nem tudott megnevezni.

Parfois, il suivait l'appel au plus profond des bois tranquilles.

Néha követte a hívást a csendes erdő mélyére.

Il cherchait l'appel, aboyant doucement ou fort au fur et à mesure.

Kereste a hívást, menet közben halkan vagy élesen ugatott.

Il renifla la mousse et la terre noire où poussaient les herbes.

Megszagolgatta a mohát és a fekete földet, ahol a fű nőtt.

Il renifla de plaisir aux riches odeurs de la terre profonde.

Gyönyörrel felhorkant a mély föld gazdag illatától.

Il s'est accroupi pendant des heures derrière des troncs couverts de champignons.

Órákig kuporgott gombával borított fatörzsek mögött.

Il resta immobile, écoutant les yeux écarquillés chaque petit bruit.

Mozdulatlanul állt, tágra nyílt szemekkel figyelve minden apró neszre.

Il espérait peut-être surprendre la chose qui avait lancé l'appel.

Talán abban reménykedett, hogy meglepi azt, ami a hívást kezdeményezte.

Il ne savait pas pourquoi il agissait de cette façon, il le faisait simplement.

Nem tudta, miért viselkedett így – egyszerűen csak tudta.

Les pulsions venaient du plus profond de moi, au-delà de la pensée ou de la raison.

A késztetések mélyről fakadtak, a gondolaton és az észszerűségen túlról.

Des envies irrésistibles s'emparèrent de Buck sans avertissement ni raison.

Ellenállhatatlan késztetések vették hatalmába Buckot minden előzetes figyelmeztetés és ok nélkül.

Parfois, il somnolait paresseusement dans le camp sous la chaleur de midi.

Időnként lustán szundikált a táborban a déli hőségben.

Soudain, sa tête se releva et ses oreilles se dressèrent en alerte.

Hirtelen felemelte a fejét, és fülei éberen hegyezték a levegőt.

Puis il se leva d'un bond et se précipita dans la nature sans s'arrêter.

Aztán felugrott, és megállás nélkül berohant a vadonba.

Il a couru pendant des heures à travers les sentiers forestiers et les espaces ouverts.

Órákon át futott erdei ösvényeken és nyílt tereken.

Il aimait suivre les lits des ruisseaux asséchés et espionner les oiseaux dans les arbres.

Szerette a kiszáradt patakmedreket követni és a fákon ülő madarakat kémlelni.

Il pouvait rester caché toute la journée, à regarder les perdrix se pavaner.

Egész nap rejtőzködhetett volna, és nézhette volna a ficánkoló foglyokat.

Ils tambourinaient et marchaient, inconscients de la présence de Buck.

Doboltak és meneteltek, mit sem sejtve Buck jelenlétéről.

Mais ce qu'il aimait le plus, c'était courir au crépuscule en été.

De amit a legjobban szeretett, az a nyári alkonyatkor való futás volt.

La faible lumière et les bruits endormis de la forêt le remplissaient de joie.

A halvány fény és az álmos erdei hangok örömmel töltötték el.

Il lisait les panneaux forestiers aussi clairement qu'un homme lit un livre.

Olyan tisztán olvasta az erdei jeleket, mint ahogy egy ember egy könyvet.

Et il cherchait toujours la chose étrange qui l'appelait.

És mindig kereste azt a különös dolgot, ami hívta.

Cet appel ne s'est jamais arrêté : il l'atteignait qu'il soit éveillé ou endormi.

A hívás soha nem szűnt meg – elérte őt ébren vagy alva.

Une nuit, il se réveilla en sursaut, les yeux perçants et les oreilles hautes.

Egyik éjjel riadtan ébredt, éles szemekkel és felemelt fülekkel.

Ses narines se contractaient tandis que sa crinière se dressait en vagues.

Orrlyukai megrándultak, miközben sörénye hullámokban állt.

Du plus profond de la forêt, le son résonna à nouveau, le vieil appel.

Az erdő mélyéről ismét felhangzott a hang, a régi hívás.

Cette fois, le son résonnait clairement, un hurlement long, obsédant et familier.

Ezúttal a hang tisztán csengett, egy hosszú, kísérteties, ismerős üvöltés.

C'était comme le cri d'un husky, mais d'un ton étrange et
sauvage.

Olyan volt, mint egy husky kiáltása, de furcsa és vad
hangvételű.

**Buck reconnut immédiatement le son – il avait entendu
exactement le même son depuis longtemps.**

Buck azonnal felismerte a hangot – régen már hallotta
pontosan ugyanazt a hangot.

**Il sauta à travers le camp et disparut rapidement dans les
bois.**

Átugrott a táboron, és gyorsan eltűnt az erdőben.

**Alors qu'il s'approchait du bruit, il ralentit et se déplaça avec
précaution.**

Ahogy közeledett a hanghoz, lelassított és óvatosan mozgott.

Bientôt, il atteignit une clairière entre d'épais pins.

Hamarosan egy tisztásra ért sűrű fenyőfák között.

**Là, debout sur ses pattes arrière, était assis un loup des bois
grand et maigre.**

Ott, egyenesen a guggoló lábaira ereszkedve, egy magas,
sovány, fafarkas ült.

**Le nez du loup pointait vers le ciel, résonnant toujours de
l'appel.**

A farkas orra az ég felé meredt, még mindig a kiáltást
visszhangozva.

Buck n'avait émis aucun son, mais le loup s'arrêta et écouta.

Buck nem adott ki hangot, a farkas mégis megállt és
hallgatózott.

Sentant quelque chose, le loup se tendit, scrutant l'obscurité.

A farkas megérzett valamit, megfeszült, és a sötétséget
kutatta.

**Buck apparut en rampant, le corps bas, les pieds immobiles
sur le sol.**

Buck bekúszott a látómezőbe, alacsony testtel, mozdulatlan
lábbal a földön.

Sa queue était droite, son corps enroulé sous la tension.

Farka egyenes volt, teste feszülten gömbölyödött.

Il a montré à la fois une menace et une sorte d'amitié brutale.

Fenyegetést és egyfajta durva barátságot is mutatott.

C'était le salut prudent partagé par les bêtes sauvages.

Ez volt a vadállatok által megszokott óvatos üdvözlés.

Mais le loup se retourna et s'enfuit dès qu'il vit Buck.

De a farkas megfordult és elmenekült, amint meglátta Buckot.

Buck se lança à sa poursuite, sautant sauvagement, désireux de le rattraper.

Buck üldözőbe vette, vadul ugrálva, alig várva, hogy utolérje.

Il suivit le loup dans un ruisseau asséché bloqué par un embâcle.

Követte a farkast egy kiszáradt patakhoz, amelyet egy fatorlódás zárt el.

Acculé, le loup se retourna et tint bon.

A sarokba szorított farkas megpördült, és megállt a helyén.

Le loup grognait et claquait comme un chien husky pris au piège dans un combat.

A farkas vicsorgott és csattant, mint egy verekedésben csapdába esett husky.

Les dents du loup claquaient rapidement, son corps se hérissant d'une fureur sauvage.

A farkas fogai gyorsan kattantak, teste vad dühtől izzott.

Buck n'attaqua pas mais encercla le loup avec une gentillesse prudente.

Buck nem támadott, hanem óvatos barátságossággal kerülte meg a farkast.

Il a essayé de bloquer sa fuite par des mouvements lents et inoffensifs.

Lassú, ártalmatlan mozdulatokkal próbálta megakadályozni a menekülést.

Le loup était méfiant et effrayé : Buck le dépassait trois fois.

A farkas óvatos és félős volt – Buck háromszor is túlerőben volt nála.

La tête du loup atteignait à peine l'épaule massive de Buck.

A farkas feje alig ért fel Buck hatalmas válláig.

À l'affût d'une brèche, le loup s'est enfui et la poursuite a repris.

A farkas egy rést keresve elszaladt, és az üldözés újra kezdődött.

Plusieurs fois, Buck l'a coincé et la danse s'est répétée.

Buck többször is sarokba szorította, és a tánc megismétlődött.

Le loup était maigre et faible, sinon Buck n'aurait pas pu l'attraper.

A farkas sovány és gyenge volt, különben Buck nem kaphatta volna el.

Chaque fois que Buck s'approchait, le loup se retournait et lui faisait face avec peur.

Valahányszor Buck közelebb ért, a farkas megpördült és félelemmel telve nézett rá.

Puis, à la première occasion, il s'est précipité dans les bois une fois de plus.

Aztán az első adandó alkalommal ismét berontott az erdőbe.

Mais Buck n'a pas abandonné et finalement le loup a fini par lui faire confiance.

De Buck nem adta fel, és végül a farkas megbízott benne.

Il renifla le nez de Buck, et les deux devinrent joueurs et alertes.

Megszagolta Buck orrát, mire a két férfi játékossá és éberté vált.

Ils jouaient comme des animaux sauvages, féroces mais timides dans leur joie.

Úgy játszottak, mint a vadállatok, vadak, mégis félénkek az örömükben.

Au bout d'un moment, le loup s'éloigna au trot avec un calme déterminé.

Egy idő múlva a farkas nyugodt céltudatosan elügetett.

Il a clairement montré à Buck qu'il voulait être suivi.

Világosan megmutatta Bucknak, hogy követni akarja.

Ils couraient côte à côte dans l'obscurité du crépuscule.

Egymás mellett futottak az alkonyati homályban.

Ils suivirent le lit du ruisseau jusqu'à la gorge rocheuse.

A patak medrét követve felértek a sziklás szurdokba.

Ils traversèrent une ligne de partage des eaux froide où le ruisseau avait pris sa source.

Átkeltek egy hideg szakadékon, ahol a patak elkezdődött.

Sur la pente la plus éloignée, ils trouvèrent une vaste forêt et de nombreux ruisseaux.

A túlsó lejtőn széles erdőre és számos patakra bukkantak.

À travers ce vaste territoire, ils ont couru pendant des heures sans s'arrêter.

Órákon át rohantak megállás nélkül ezen a hatalmas földön.

Le soleil se leva plus haut, l'air devint chaud, mais ils continuèrent à courir.

A nap magasabbra emelkedett, a levegő melegedett, de ők tovább futottak.

Buck était rempli de joie : il savait qu'il répondait à son appel.

Buckot öröm töltötte el – tudta, hogy válaszol a hívására.

Il courut à côté de son frère de la forêt, plus près de la source de l'appel.

Erdőtestvére mellett futott, közelebb a hívás forrásához.

De vieux sentiments sont revenus, puissants et difficiles à ignorer.

Régi érzések tértek vissza, erősen és nehezen figyelmen kívül hagyva őket.

C'étaient les vérités derrière les souvenirs de ses rêves.

Ezek voltak az álmaiban rejlő emlékek mögött rejlő igazságok.

Il avait déjà fait tout cela auparavant, dans un monde lointain et obscur.

Mindezt már megtette korábban egy távoli és árnyékos világban.

Il recommença alors, courant librement avec le ciel ouvert au-dessus.

Most megint ezt tette, vadul rohant a szabad ég alatt.

Ils s'arrêtèrent près d'un ruisseau pour boire l'eau froide qui coulait.

Megálltak egy pataknál, hogy igyanak a hideg, folyó vízből.

Alors qu'il buvait, Buck se souvint soudain de John Thornton.

Miközben ivott, Bucknak hirtelen eszébe jutott John Thornton.

Il s'assit en silence, déchiré par l'attrait de la loyauté et de l'appel.

Csendben ült le, a hűség és az elhívás vonzása tépte szét.

Le loup continua à trotter, mais revint pour pousser Buck à avancer.

A farkas továbbügetett, de visszatért, hogy ösztökélje Buckot.

Il renifla son nez et essaya de le cajoler avec des gestes doux.

Megszagolta az orrát, és halk mozdulatokkal próbálta rávenni.

Mais Buck se retourna et reprit le chemin par lequel il était venu.

De Buck megfordult, és elindult visszafelé, amerről jött.

Le loup courut à côté de lui pendant un long moment, gémissant doucement.

A farkas sokáig futott mellette, halkan nyüszítve.

Puis il s'assit, leva le nez et poussa un long hurlement.

Aztán leült, felhúzta az orrát, és hosszan felüvöltött.

C'était un cri lugubre, qui s'adoucit à mesure que Buck s'éloignait.

Gyászos kiáltás volt, amely elhalkult, ahogy Buck elsétált.

Buck écouta le son du cri s'estomper lentement dans le silence de la forêt.

Buck hallgatta, ahogy a sírás hangja lassan elhalványul az erdő csendjében.

John Thornton était en train de dîner lorsque Buck a fait irruption dans le camp.

John Thornton éppen vacsorázott, amikor Buck berontott a táborba.

Buck sauta sauvagement sur lui, le léchant, le mordant et le faisant culbuter.

Buck vadul ráugrott, nyalogatta, harapdálta és fel-le gördítette.

Il l'a renversé, s'est hissé dessus et l'a embrassé sur le visage.

Fellökte, ráugrott, és megcsókolta az arcát.

Thornton appelait cela avec affection « jouer le fou du commun ».

Thornton szeretettel „az általános hülye megjátszásának"
nevezte ezt.

Pendant tout ce temps, il maudissait doucement Buck et le
secouait d'avant en arrière.

Közben gyengéden átkozta Buckot, és előre-hátra rázogatta.

Pendant deux jours et deux nuits entières, Buck n'a pas
quitté le camp une seule fois.

Két teljes napon és két éjszakán át Buck egyszer sem hagyta el
a tábort.

Il est resté proche de Thornton et ne l'a jamais quitté des
yeux.

Thornton közelében maradt, és soha nem tévesztette szem
elől.

Il le suivait pendant qu'il travaillait et le regardait pendant
qu'il mangeait.

Követte őt munka közben, és figyelte evés közben.

Il voyait Thornton dans ses couvertures la nuit et dehors
chaque matin.

Éjszaka látta Thorntont a takaróiba bújni, reggelente pedig
kiment.

Mais bientôt l'appel de la forêt revint, plus fort que jamais.

De hamarosan visszatért az erdő hívása, hangosabban, mint
valaha.

Buck devint à nouveau agité, agité par les pensées du loup
sauvage.

Buck ismét nyugtalanná vált, a vad farkas gondolatai
kavargatták.

Il se souvenait de la terre ouverte et de la course côte à côte.

Emlékezett a nyílt terepre és az egymás mellett futásra.

Il commença à errer à nouveau dans la forêt, seul et alerte.

Újra elindult az erdőbe, egyedül és éberen.

Mais le frère sauvage ne revint pas et le hurlement ne fut pas
entendu.

De a vad testvér nem tért vissza, és az üvöltés sem hallatszott.

Buck a commencé à dormir dehors, restant absent pendant
des jours.

Buck kint kezdett aludni, napokig is távol maradt.

Une fois, il traversa la haute ligne de partage des eaux où le ruisseau commençait.

Miután átkelt a magas vízválasztón, ahol a patak elkezdődött.

Il entra dans le pays des bois sombres et des larges ruisseaux.

Sötét erdők és széles patakok földjére lépett.

Pendant une semaine, il a erré, à la recherche de signes de son frère sauvage.

Egy hétig barangolt, a vad testvér nyomait keresve.

Il tuait sa propre viande et voyageait à grands pas, sans relâche.

Saját maga ölte meg a zsákmányát, és hosszú, fáradhatatlan léptekkel haladt.

Il pêchait le saumon dans une large rivière qui se jetait dans la mer.

Lazacra halászott egy széles folyóban, amely a tengerig ért.

Là, il combattit et tua un ours noir rendu fou par les insectes.

Ott harcolt és megölt egy bogaraktól megőrjített fekete medvét.

L'ours était en train de pêcher et courait aveuglément à travers les arbres.

A medve horgászott, és vakon szaladgált a fák között.

La bataille fut féroce, réveillant le profond esprit combatif de Buck.

A csata ádáz volt, felébresztve Buck mély harci szellemét.

Deux jours plus tard, Buck est revenu et a trouvé des carcajous près de sa proie.

Két nappal később Buck visszatért, és rozsomákokat talált a zsákmányánál.

Une douzaine d'entre eux se disputaient la viande avec une fureur bruyante.

Egy tucatnyian veszekedtek hangos dühvel a húson.

Buck chargea et les dispersa comme des feuilles dans le vent.

Buck rohamra kelt, és szétszórta őket, mint a faleveleket a szélben.

Deux loups restèrent derrière, silencieux, sans vie et immobiles pour toujours.

Két farkas maradt hátra – csendben, élettelenül és örökre mozdulatlanul.

La soif de sang était plus forte que jamais.

A vér utáni szomjúság erősebb lett, mint valaha.

Buck était un chasseur, un tueur, se nourrissant de créatures vivantes.

Buck vadász volt, gyilkos, élőlényekkel táplálkozott.

Il a survécu seul, en s'appuyant sur sa force et ses sens aiguisés.

Egyedül élte túl, erejére és éles érzékeire támaszkodva.

Il prospérait dans la nature, où seuls les plus résistants pouvaient vivre.

A vadonban élt, ahol csak a legkeményebbek élhettek.

De là, une grande fierté s'éleva et remplit tout l'être de Buck.

Ettől nagy büszkeség támadt, és Buck egész lényét betöltötte.

Sa fierté se reflétait dans chacun de ses pas, dans le mouvement de chacun de ses muscles.

Büszkesége minden lépésében, minden izma hullámzásában megmutatkozott.

Sa fierté était aussi claire qu'un discours, visible dans la façon dont il se comportait.

Büszkesége olyan nyilvánvaló volt, mint a szavak, ami a viselkedésén látszott.

Même son épais pelage semblait plus majestueux et brillait davantage.

Még vastag bundája is fenségesebbnek tűnt és fényesebben csillogott.

Buck aurait pu être confondu avec un loup géant.

Buckot akár egy óriási erdei farkasnak is nézhették volna.

À l'exception du brun sur son museau et des taches au-dessus de ses yeux.

Kivéve a barna foltokat az orrán és a szeme felett.

Et la traînée de fourrure blanche qui courait au milieu de sa poitrine.

És a fehér szőrcsík, ami a mellkasa közepén végigfutott.

Il était encore plus grand que le plus grand loup de cette race féroce.

Még a vad fajta legnagyobb farkasánál is nagyobb volt.

Son père, un Saint-Bernard, lui a donné de la taille et une ossature lourde.

Apja, egy bernáthegyi, nagy és masszív testalkatú lányt adott neki.

Sa mère, une bergère, a façonné cette masse en forme de loup.

Az anyja, egy pásztor, farkas alakúra formálta ezt a testet.

Il avait le long museau d'un loup, bien que plus lourd et plus large.

Hosszú, farkasorrú volt, bár nehezebb és szélesebb.

Sa tête était celle d'un loup, mais construite à une échelle massive et majestueuse.

A feje farkasra hasonlított, de hatalmas, fenséges méretekben épült fel.

La ruse de Buck était la ruse du loup et de la nature.

Buck ravaszsága a farkasok és a vadon ravaszsága volt.

Son intelligence lui vient à la fois du berger allemand et du Saint-Bernard.

Intelligenciáját mind a németjuhásztól, mind a bernáthegyitől kapta.

Tout cela, ajouté à une expérience difficile, faisait de lui une créature redoutable.

Mindez, a kemény tapasztalatokkal együtt, félelmetes teremtménnyé tette.

Il était aussi redoutable que n'importe quelle bête qui parcourait les régions sauvages du nord.

Olyan félelmetes volt, mint bármelyik vadállat, amely az északi vadonban barangolt.

Ne se nourrissant que de viande, Buck a atteint le sommet de sa force.

Buck, aki kizárólag húson élt, ereje csúcsára ért.

Il débordait de puissance et de force masculine dans chaque fibre de son être.

Minden porcikájában áradt az erő és a férfias erő.

Lorsque Thornton lui caressait le dos, ses poils brillaient d'énergie.

Amikor Thornton megsimogatta a hátát, a szőrszálak energiától szikráztak.

Chaque cheveu crépitait, chargé du contact du magnétisme vivant.

Minden egyes hajszál roppant, az élő mágnesesség érintésével feltöltve.

Son corps et son cerveau étaient réglés sur le ton le plus fin possible.

Teste és agya a lehető legfinomabb hangmagasságra volt hangolva.

Chaque nerf, chaque fibre et chaque muscle fonctionnaient en parfaite harmonie.

Minden ideg, rost és izom tökéletes harmóniában működött.

À tout son ou toute vue nécessitant une action, il répondait instantanément.

Bármilyen beavatkozást igénylő hangra vagy látványra azonnal reagált.

Si un husky sautait pour attaquer, Buck pouvait sauter deux fois plus vite.

Ha egy husky támadásba lendült volna, Buck kétszer olyan gyorsan tudott volna ugrani.

Il a réagi plus vite que les autres ne pouvaient le voir ou l'entendre.

Gyorsabban reagált, mint ahogy mások láthatták vagy hallhatták volna.

La perception, la décision et l'action se sont produites en un seul instant fluide.

Az érzékelés, a döntés és a cselekvés mind egyetlen folyékony pillanatban történt.

En vérité, ces actes étaient distincts, mais trop rapides pour être remarqués.

Valójában ezek a cselekedetek különállóak voltak, de túl gyorsak ahhoz, hogy észrevegyék.

Les intervalles entre ces actes étaient si brefs qu'ils semblaient n'en faire qu'un.

Olyan rövidek voltak a szünetek e két aktus között, hogy egyetlen egységnek tűntek.

Ses muscles et son être étaient comme des ressorts étroitement enroulés.

Izmai és lénye olyanok voltak, mint a szorosan összefonódó rugók.

Son corps débordait de vie, sauvage et joyeux dans sa puissance.

Teste élettel teli volt, vadul és örömtelien telt erejével.

Parfois, il avait l'impression que la force allait jaillir de lui entièrement.

Időnként úgy érezte, mintha teljesen ki akarna törni belőle az erő.

« Il n'y a jamais eu un tel chien », a déclaré Thornton un jour tranquille.

– Soha nem volt még ilyen kutya a világon – mondta Thornton egy csendes napon.

Les partenaires regardaient Buck sortir fièrement du camp.

A társak figyelték, ahogy Buck büszkén vonul ki a táborból.

« Lorsqu'il a été créé, il a changé ce que pouvait être un chien », a déclaré Pete.

„Amikor megalkották, megváltoztatta azt, hogy milyen lehet egy kutya" – mondta Pete.

« Par Jésus ! Je le pense moi-même », acquiesça rapidement Hans.

– Jézusomra! Én is így gondolom – helyeselt gyorsan Hans.

Ils l'ont vu s'éloigner, mais pas le changement qui s'est produit après.

Látták elvonulni, de a utána következő változást nem látták.

Dès qu'il est entré dans les bois, Buck s'est complètement transformé.

Amint Buck belépett az erdőbe, teljesen átváltozott.

Il ne marchait plus, mais se déplaçait comme un fantôme sauvage parmi les arbres.

Már nem menetelt, hanem vad szellemként mozgott a fák között.

Il devint silencieux, les pieds comme un chat, une lueur traversant les ombres.

Elhallgatott, macskalábú lett, egy fénycsóva suhant át az árnyékokon.

Il utilisait la couverture avec habileté, rampant sur le ventre comme un serpent.

Ügyesen használta a fedezéket, kígyóként mászott a hasán.

Et comme un serpent, il pouvait bondir en avant et frapper en silence.

És mint egy kígyó, előre tudott ugrani és csendben lecsapni.

Il pourrait voler un lagopède directement dans son nid caché.

Ellophatott egy hófajdot egyenesen a rejtett fészkéből.

Il a tué des lapins endormis sans un seul bruit.

Egyetlen hang nélkül ölte meg az alvó nyulakat.

Il pouvait attraper des tamias en plein vol alors qu'ils fuyaient trop lentement.

Elkaphatta a levegőben a lassan menekülő mókusokat.

Même les poissons dans les bassins ne pouvaient échapper à ses attaques soudaines.

Még a medencében lévő halak sem menekülhettek hirtelen csapásai elől.

Même les castors astucieux qui réparaient les barrages n'étaient pas à l'abri de lui.

Még az okos hódok sem voltak biztonságban tőle, akik gátakat javítottak.

Il tuait pour se nourrir, pas pour le plaisir, mais il préférait tuer ses propres victimes.

Élelemért ölt, nem szórakozásból – de a saját zsákmányát szerette a legjobban.

Pourtant, un humour sournois traversait certaines de ses chasses silencieuses.

Mégis, ravasz humor futott át néma vadászatainak némelyikén.

Il s'est approché des écureuils, mais les a laissés s'échapper.

Közel osont a mókusokhoz, csak hogy aztán hagyja őket elmenekülni.

Ils allaient fuir vers les arbres, bavardant dans une rage effrayée.

Félelmükben és felháborodásukban csacsogva a fák közé menekültek.

À l'arrivée de l'automne, les orignaux ont commencé à apparaître en plus grand nombre.

Ahogy beköszöntött az ősz, a jávorszarvasok egyre nagyobb számban kezdtek megjelenni.

Ils se sont déplacés lentement vers les basses vallées pour affronter l'hiver.

Lassan beköltöztek az alacsony völgyekbe, hogy várják a telet.

Buck avait déjà abattu un jeune veau errant.

Buck már elejtett egy fiatal, kóbor borjút.

Mais il aspirait à affronter des proies plus grandes et plus dangereuses.

De vágyott arra, hogy nagyobb, veszélyesebb prédával nézzen szembe.

Un jour, à la ligne de partage des eaux, à la tête du ruisseau, il trouva sa chance.

Egy nap a vízválasztónál, a patak forrásánál, meglátta a lehetőséget.

Un troupeau de vingt orignaux avait traversé des terres boisées.

Húsz jávorszarvasból álló csorda kelt át erdős vidékekről.

Parmi eux se trouvait un puissant taureau, le chef du groupe.

Köztük volt egy hatalmas bika; a csoport vezetője.

Le taureau mesurait plus de six pieds de haut et avait l'air féroce et sauvage.

A bika több mint két méter magas volt, és vadnak, vadnak látszott.

Il lança ses larges bois, quatorze pointes se ramifiant vers l'extérieur.

Széles agancsait meglóbálta, tizennégy ágból álló ágakat.

Les extrémités de ces bois s'étendaient sur sept pieds de large.

Az agancsok végei hét láb szélesre nyúltak.

Ses petits yeux brûlaient de rage lorsqu'il aperçut Buck à proximité.

Apró szemei dühtől égtek, amikor meglátta Buckot a közelben.

Il poussa un rugissement furieux, tremblant de fureur et de douleur.

Dühösen felordított, remegett a dühtől és a fájdalomtól.

Une pointe de flèche sortait près de son flanc, empennée et pointue.

Egy tollas, hegyes nyílvég állt ki az oldala közelében.

Cette blessure a contribué à expliquer son humeur sauvage et amère.

Ez a seb segített megmagyarázni vad, keserű hangulatát.

Buck, guidé par un ancien instinct de chasseur, a fait son mouvement.

Buck, az ősi vadászösztön által vezérelve, megtette a lépést.

Son objectif était de séparer le taureau du reste du troupeau.

Célja az volt, hogy elkülönítse a bikát a csorda többi részétől.

Ce n'était pas une tâche facile : il fallait de la rapidité et une ruse féroce.

Ez nem volt könnyű feladat – gyorsaságra és ravaszságra volt szükség hozzá.

Il aboyait et dansait près du taureau, juste hors de portée.

Ugatott és táncolt a bika közelében, éppen csak lőtávon kívül.

L'élan s'est précipité avec d'énormes sabots et des bois mortels.

A jávorszarvas hatalmas patákkal és halálos agancsokkal rontott előre.

Un seul coup aurait pu mettre fin à la vie de Buck en un clin d'œil.

Egyetlen ütés egy szempillantás alatt véget vethetett volna Buck életének.

Incapable de laisser la menace derrière lui, le taureau devint fou.

Mivel nem tudta maga mögött hagyni a fenyegetést, a bika dühbe gurult.

Il chargea avec fureur, mais Buck s'échappa toujours.

Dühösen támadott, de Buck mindig elhúzódott.

Buck simula une faiblesse, l'attirant plus loin du troupeau.

Buck gyengeséget színlelt, és ezzel távolabb csalogatta a csordától.

Mais les jeunes taureaux allaient charger pour protéger le leader.

De a fiatal bikák visszarohantak, hogy megvédjék a vezetőt.

Ils ont forcé Buck à battre en retraite et le taureau à rejoindre le groupe.

Kényszerítették Buckot a visszavonulásra, a bikát pedig arra, hogy csatlakozzon újra a csoporthoz.

Il y a une patience dans la nature, profonde et imparable.

Van egyfajta türelem a vadonban, mély és megállíthatatlan.

Une araignée attend immobile dans sa toile pendant d'innombrables heures.

Egy pók órákon át mozdulatlanul várakozik a hálójában.

Un serpent s'enroule sans tressaillement et attend que son heure soit venue.

Egy kígyó rángatózás nélkül tekeredik, és várja, míg eljön az ideje.

Une panthère se tient en embuscade, jusqu'à ce que le moment arrive.

Egy párduc lesben áll, míg el nem jön a pillanat.

C'est la patience des prédateurs qui chassent pour survivre.

Ez a ragadozók türelme, akik a túlélésért vadásznak.

Cette même patience brûlait à l'intérieur de Buck alors qu'il restait proche.

Ugyanez a türelem égett Buckban is, miközben közel maradt.

Il resta près du troupeau, ralentissant sa marche et suscitant la peur.

A csorda közelében maradt, lelassítva annak menetét és félelmet keltve benne.

Il taquinait les jeunes taureaux et harcelait les vaches mères.

Cukkolta a fiatal bikákat és zaklatta az anyateheneket.

Il a plongé le taureau blessé dans une rage encore plus profonde et impuissante.

Még mélyebb, tehetetlen dühbe gurította a sebesült bikát.

Pendant une demi-journée, le combat s'est prolongé sans aucun répit.

Fél napig elhúzódott a harc pihenés nélkül.

Buck attaquait sous tous les angles, rapide et féroce comme le vent.

Buck minden szögből támadott, gyorsan és vadul, mint a szél.

Il a empêché le taureau de se reposer ou de se cacher avec son troupeau.

Megakadályozta, hogy a bika pihenjen vagy elbújjon a csordájával.

Le cerf a épuisé la volonté de l'élan plus vite que son corps.

Buck gyorsabban ölte le a jávorszarvas akaratát, mint a testét.

La journée passa et le soleil se coucha bas dans le ciel du nord-ouest.

A nap telt el, és a nap alacsonyan ereszkedett le az északnyugati égbolton.

Les jeunes taureaux revinrent plus lentement pour aider leur chef.

A fiatal bikák lassabban tértek vissza, hogy segítsenek vezetőjüknek.

Les nuits d'automne étaient revenues et l'obscurité durait désormais six heures.

Visszatértek az őszi éjszakák, és a sötétség már hat órán át tartott.

L'hiver les poussait vers des vallées plus sûres et plus chaudes.

A tél a biztonságosabb, melegebb völgyekbe taszította őket lefelé.

Mais ils ne pouvaient toujours pas échapper au chasseur qui les retenait.

De még így sem tudtak elmenekülni a vadász elől, aki visszatartotta őket.

Une seule vie était en jeu : pas celle du troupeau, mais celle de leur chef.

Csak egyetlen élet forgott kockán – nem a csordáé, csak a vezetőjüké.

Cela rendait la menace lointaine et non leur préoccupation urgente.

Ez távolivá tette a fenyegetést, és nem a sürgető aggodalmukká.

Au fil du temps, ils ont accepté ce prix et ont laissé Buck prendre le vieux taureau.

Idővel elfogadták ezt az árat, és hagyták, hogy Buck elvigye az öreg bikát.

Alors que le crépuscule s'installait, le vieux taureau se tenait debout, la tête baissée.

Ahogy leszállt az alkonyat, az öreg bika lehajtott fejjel állt.

Il regarda le troupeau qu'il avait conduit disparaître dans la lumière déclinante.

Nézte, ahogy a csorda, amelyet vezetett, eltűnik a halványuló fényben.

Il y avait des vaches qu'il avait connues, des veaux qu'il avait autrefois engendrés.

Voltak tehenek, akiket ismert, borjak, akiknek egykor ő volt az apja.

Il y avait des taureaux plus jeunes qu'il avait combattus et dominés au cours des saisons précédentes.

Voltak fiatalabb bikák is, akikkel a múlt szezonokban harcolt és uralkodott.

Il ne pouvait pas les suivre, car Buck était à nouveau accroupi devant lui.

Nem követhette őket – mert Buck ismét leguggolt előtte.

La terreur impitoyable aux crocs bloquait tous les chemins qu'il pouvait emprunter.

A könyörtelen, agyaras rettegés minden útját elállta.

Le taureau pesait plus de trois cents livres de puissance dense.

A bika több mint háromszáz fontnyi sűrű erőt nyomott.

Il avait vécu longtemps et s'était battu avec acharnement dans un monde de luttes.

Hosszú életet élt és keményen küzdött egy küzdelmes világban.

Mais maintenant, à la fin, la mort venait d'une bête bien en dessous de lui.

Mégis, most, a végén a halál egy messze alatta lévő szörnyetegtől érkezett.

La tête de Buck n'atteignait même pas les énormes genoux noueux du taureau.

Buck feje még a bika hatalmas, bütykös térdéig sem ért fel.

À partir de ce moment, Buck resta avec le taureau nuit et jour.

Attól a pillanattól kezdve Buck éjjel-nappal a bikával maradt.

Il ne lui a jamais laissé de repos, ne lui a jamais permis de brouter ou de boire.

Soha nem hagyta pihenni, soha nem engedte legelni vagy inni.

Le taureau a essayé de manger de jeunes pousses de bouleau et des feuilles de saule.

A bika megpróbált fiatal nyírfahajtásokat és fűzfaleveleket enni.

Mais Buck le repoussa, toujours alerte et toujours attaquant.

De Buck elűzte, mivel mindig éber és támadó volt.

Même dans les ruisseaux qui ruisselaient, Buck bloquait toute tentative assoiffée.

Még a csordogáló patakoknál is Buck minden szomjas kísérletet hárított.

Parfois, par désespoir, le taureau s'enfuyait à toute vitesse.

Néha kétségbeesésében a bika teljes sebességgel menekült.

Buck le laissa courir, galopant calmement juste derrière, jamais très loin.

Buck hagyta futni, nyugodtan lopakodott mögötte, soha nem messze.

Lorsque l'élan s'arrêta, Buck s'allongea, mais resta prêt.

Amikor a jávorszarvas megállt, Buck lefeküdt, de készenlétben maradt.

Si le taureau essayait de manger ou de boire, Buck frappait avec une fureur totale.

Ha a bika megpróbált enni vagy inni, Buck teljes dühvel csapott le rá.

La grosse tête du taureau s'affaissait sous ses vastes bois.

A bika hatalmas feje egyre mélyebbre csuklott hatalmas agancsai alatt.

Son rythme ralentit, le trot devint lourd, une marche trébuchante.

A lépései lelassultak, az ügetés nehézkessé, botladozó járássá vált.

Il restait souvent immobile, les oreilles tombantes et le nez au sol.

Gyakran mozdulatlanul állt, lelógó fülekkel és a földhöz szorított orral.

Pendant ces moments-là, Buck prenait le temps de boire et de se reposer.

Ezekben a pillanatokban Buck időt szakított az ivásra és a pihenésre.

La langue tirée, les yeux fixés, Buck sentait que la terre était en train de changer.

Kinyújtott nyelvvel, fürkésző tekintettel Buck érezte, hogy a táj változik.

Il sentit quelque chose de nouveau se déplacer dans la forêt et dans le ciel.

Érezte, hogy valami új mozog az erdőn és az égen keresztül.

Avec le retour des orignaux, d'autres créatures sauvages ont fait de même.

Ahogy a jávorszarvasok visszatértek, úgy tették ezt a vadon más állatai is.

La terre semblait vivante, avec une présence invisible mais fortement connue.

A föld élőnek és jelenvalónak érződött, láthatatlanul, mégis erősen ismertté.

Ce n'était ni par l'ouïe, ni par la vue, ni par l'odorat que Buck le savait.

Buck nem hallás, látás vagy szag alapján tudta ezt.

Un sentiment plus profond lui disait que de nouvelles forces étaient en mouvement.

Egy mélyebb érzés azt súgta neki, hogy új erők vannak mozgásban.

Une vie étrange s'agitait dans les bois et le long des
ruisseaux.

Különös élet kavargott az erdőkben és a patakok mentén.

Il a décidé d'explorer cet esprit, une fois la chasse terminée.

Elhatározta, hogy felfedezi ezt a szellemet, miután befejezte a
vadászatot.

Le quatrième jour, Buck a finalement abattu l'élan.

A negyedik napon Buck végre leterítette a jávorszarvast.

Il est resté près de la proie pendant une journée et une nuit
entières, se nourrissant et se reposant.

Egy teljes napot és egy éjszakát töltött a zsákmány mellett,
evett és pihent.

Il mangea, puis dormit, puis mangea à nouveau, jusqu'à ce
qu'il soit fort et rassasié.

Evett, aztán aludt, majd újra evett, míg meg nem erősödött és
jóllakott.

Lorsqu'il fut prêt, il retourna vers le camp et Thornton.

Amikor készen állt, visszafordult a tábor és Thornton felé.

D'un pas régulier, il commença le long voyage de retour vers
la maison.

Egyenletes tempóval indult meg a hosszú hazaútra.

Il courait d'un pas infatigable, heure après heure, sans
jamais s'égarer.

Fáradhatatlanul rohant, óránként, egyszer sem tévedve el.

À travers des terres inconnues, il se déplaçait droit comme
l'aiguille d'une boussole.

Ismeretlen vidékeken haladt, egyenesen, mint az iránytű tűje.

Son sens de l'orientation faisait paraître l'homme et la carte
faibles en comparaison.

Tájékozódása miatt az ember és a térkép gyengének tűnt
hozzá képest.

Tandis que Buck courait, il sentait plus fortement l'agitation
dans la terre sauvage.

Ahogy Buck futott, egyre erősebben érezte a vad tájon zajló
nyüzsgést.

C'était un nouveau genre de vie, différent de celui des mois
calmes de l'été.

Ez egy újfajta élet volt, ellentétben a nyugodt nyári hónapokkal.

Ce sentiment n'était plus un message subtil ou distant.

Ez az érzés már nem finom vagy távoli üzenetként érkezett.

Maintenant, les oiseaux parlaient de cette vie et les écureuils en bavardaient.

A madarak most erről az életről beszéltek, a mókusok pedig csacsogtak róla.

Même la brise murmurait des avertissements à travers les arbres silencieux.

Még a szellő is figyelmeztetéseket suttogott a néma fák között.

Il s'arrêta à plusieurs reprises et respira l'air frais du matin.

Többször is megállt, és beleszippantott a friss reggeli levegőbe.

Il y lut un message qui le fit bondir plus vite en avant.

Egy üzenetet olvasott ott, amitől gyorsabban ugrott előre.

Un lourd sentiment de danger l'envahit, comme si quelque chose s'était mal passé.

Súlyos veszélyérzet töltötte el, mintha valami baj történt volna.

Il craignait qu'une catastrophe ne se produise – ou ne soit déjà arrivée.

Attól félt, hogy katasztrófa közeleg – vagy már bekövetkezett.

Il franchit la dernière crête et entra dans la vallée en contrebas.

Átkelt az utolsó gerincen, és beért az alatta lévő völgybe.

Il se déplaçait plus lentement, alerte et prudent à chaque pas.

Lassabban, minden lépéssel éberebbé és óvatosabbá vált.

À trois milles de là, il trouva une piste fraîche qui le fit se raidir.

Három mérfölddel odébb egy friss ösvényre bukkant, amitől megmerevedett.

Les cheveux le long de son cou ondulaient et se hérissaient d'alarme.

A nyakán a szőr riadtan hullámzott és égnek állt.

Le sentier menait directement au camp où Thornton attendait.

Az ösvény egyenesen a tábor felé vezetett, ahol Thornton várakozott.

Buck se déplaçait désormais plus rapidement, sa foulée à la fois silencieuse et rapide.

Buck most gyorsabban mozgott, léptei egyszerre voltak nesztelenek és gyorsak.

Ses nerfs se sont resserrés lorsqu'il a lu des signes que d'autres allaient manquer.

Feszültek az idegei, miközben olyan jeleket olvasott, amelyeket mások nem fognak észrevenni.

Chaque détail du sentier racontait une histoire, sauf le dernier morceau.

Az ösvény minden részlete egy történetet mesélt – kivéve az utolsó darabot.

Son nez lui parlait de la vie qui s'était déroulée ici.

Az orra árulkodott az itt eltelt életről.

L'odeur lui donnait une image changeante alors qu'il le suivait de près.

Az illat változó képet festett róla, ahogy szorosan a nyomában követte.

Mais la forêt elle-même était devenue silencieuse, anormalement immobile.

De maga az erdő elcsendesedett; természetellenesen mozdulatlanná vált.

Les oiseaux avaient disparu, les écureuils étaient cachés, silencieux et immobiles.

A madarak eltűntek, a mókusok elrejtőztek, csendben és mozdulatlanul.

Il n'a vu qu'un seul écureuil gris, allongé sur un arbre mort.

Csak egyetlen szürke mókust látott, egy kiszáradt fán feküdt.

L'écureuil se fondait dans la masse, raide et immobile comme une partie de la forêt.

A mókus beleolvadt a környezetébe, mereven és mozdulatlanul, mint egy erdő része.

Buck se déplaçait comme une ombre, silencieux et sûr à travers les arbres.

Buck árnyékként mozgott, csendben és magabiztosan a fák között.

Son nez se souleva sur le côté comme s'il était tiré par une main invisible.

Az orra oldalra rándult, mintha egy láthatatlan kéz húzta volna.

Il se retourna et suivit la nouvelle odeur jusqu'au plus profond d'un fourré.

Megfordult, és követte az új illatot egy bozótos mélyére.

Là, il trouva Nig, étendu mort, transpercé par une flèche.

Ott találta Niget holtan fekve, nyílvesszővel átszúrva.

La flèche traversa son corps, laissant encore apparaître ses plumes.

A nyíl áthatolt a testén, a tollai még látszottak.

Nig s'était traîné jusqu'ici, mais il était mort avant d'avoir pu obtenir de l'aide.

Nig vonszolta magát oda, de meghalt, mielőtt a segítséghez érkezhetett volna.

Une centaine de mètres plus loin, Buck trouva un autre chien de traîneau.

Száz méterrel odébb Buck egy másik szánhúzó kutyára bukkant.

C'était un chien que Thornton avait racheté à Dawson City.

Egy kutya volt, amit Thornton vett még Dawson Cityben.

Le chien était en proie à une lutte à mort, se débattant violemment sur le sentier.

A kutya haláltusát vívva, keményen vergődött az ösvényen.

Buck le contourna sans s'arrêter, les yeux fixés devant lui.

Buck elhaladt mellette, meg sem állva, maga elé szegezve tekintetét.

Du côté du camp venait un chant lointain et rythmé.

A tábor irányából távoli, ritmikus ének hallatszott.

Les voix s'élevaient et retombaient sur un ton étrange, inquiétant et chantant.

A hangok furcsa, hátborzongató, éneklő hangon emelkedtek és süllyedtek.

Buck rampa jusqu'au bord de la clairière en silence.

Buck csendben kúszott előre a tisztás széléig.

Là, il vit Hans étendu face contre terre, percé de nombreuses flèches.

Ott látta Hanst arccal lefelé feküdni, sok nyílvesszővel átszúrva.

Son corps ressemblait à celui d'un porc-épic, hérissé de plumes.

A teste egy tarajos sülre hasonlított, tollas nyilak borították.

Au même moment, Buck regarda vers le pavillon en ruine.

Ugyanebben a pillanatban Buck a romos kunyhó felé nézett.

Cette vue lui fit dresser les cheveux sur la nuque et les épaules.

A látványtól meredeken állt a nyakán és a vállán a szőr.

Une tempête de rage sauvage parcourut tout le corps de Buck.

Vad dühvihar söpört végig Buck egész testén.

Il grogna à haute voix, même s'il ne savait pas qu'il l'avait fait.

Hangosan morgott, bár nem tudta, hogy így tett.

Le son était brut, rempli d'une fureur terrifiante et sauvage.

A hang nyers volt, tele félelmetes, vad dühvel.

Pour la dernière fois de sa vie, Buck a perdu la raison au profit de l'émotion.

Buck életében utoljára elvesztette az érzelmei feletti uralmat.

C'est l'amour pour John Thornton qui a brisé son contrôle minutieux.

A John Thornton iránti szerelem törte meg gondos önuralmát.

Les Yeehats dansaient autour de la hutte en épicéa détruite.

A Yeehat család a romos lucfenyőkunyhó körül táncolt.

Puis un rugissement retentit et une bête inconnue chargea vers eux.

Aztán egy üvöltés hallatszott – és egy ismeretlen fenevad rohant feléjük.

C'était Buck ; une fureur en mouvement ; une tempête vivante de vengeance.

Buck volt az; mozgásban lévő düh; a bosszú eleven vihara.

Il se jeta au milieu d'eux, fou du besoin de tuer.

Közéjük vetette magát, őrjöngve a gyilkolás vágyától.

Il sauta sur le premier homme, le chef Yeehat, et frappa juste.

Ráugrott az első emberre, a yeehat főnökre, és célt lőtt.

Sa gorge fut déchirée et du sang jaillit à flots.

A torkát feltépték, és vére patakként ömlött belőle.

Buck ne s'arrêta pas, mais déchira la gorge de l'homme suivant d'un seul bond.

Buck nem állt meg, hanem egyetlen ugrással eltépte a következő férfi torkát.

Il était inarrêtable : il déchirait, taillait, ne s'arrêtait jamais pour se reposer.

Megállíthatatlan volt – tépett, vagdalt, és soha nem állt meg pihenni.

Il s'élança et bondit si vite que leurs flèches ne purent l'atteindre.

Olyan gyorsan száguldott és ugrott, hogy a nyilaik nem érték el.

Les Yeehats étaient pris dans leur propre panique et confusion.

A Yeehat családot elfogta a pánik és a zavarodottság.

Leurs flèches manquèrent Buck et se frappèrent l'une l'autre à la place.

Nyilaik elvétették Buckot, és inkább egymást találták el.

Un jeune homme a lancé une lance sur Buck et a touché un autre homme.

Az egyik fiatalember lándzsát dobott Buckra, és eltalált egy másik férfit.

La lance lui transperça la poitrine, la pointe lui transperçant le dos.

A lándzsa átfúródott a mellkasán, a hegye pedig a hátát ütötte ki.

La terreur s'empara des Yeehats et ils se mirent en retraite.

Rettegés söpört végig a Yeehatokon, és teljes visszavonulásba kezdtek.

Ils crièrent à l'Esprit Maléfique et s'enfuirent dans les ombres de la forêt.

A Gonosz Szellemre kiáltottak, és az erdő árnyékába menekültek.

Vraiment, Buck était comme un démon alors qu'il poursuivait les Yeehats.

Buck valóban démonként üldözte a Yeehat családot.

Il les poursuivit à travers la forêt, les faisant tomber comme des cerfs.

Utánuk rohant az erdőn át, és úgy terítette le őket, mint a szarvasokat.

Ce fut un jour de destin et de terreur pour les Yeehats effrayés.

A sors és a rettegés napja lett ez a megriadt Yeehat-ek számára.

Ils se dispersèrent à travers le pays, fuyant au loin dans toutes les directions.

Szétszóródtak az országban, minden irányban messzire menekülve.

Une semaine entière s'est écoulée avant que les derniers survivants ne se retrouvent dans une vallée.

Egy teljes hét telt el, mire az utolsó túlélők egy völgyben találkoztak.

Ce n'est qu'alors qu'ils ont compté leurs pertes et parlé de ce qui s'était passé.

Csak ezután számoltak be a veszteségeikről és beszéltek a történtekről.

Buck, après s'être lassé de la chasse, retourna au camp en ruine.

Buck, miután megunta az üldözést, visszatért a romos táborba.

Il a trouvé Pete, toujours dans ses couvertures, tué lors de la première attaque.

Pete-et még mindig takarókban találta, az első támadásban holtan.

Les signes du dernier combat de Thornton étaient marqués dans la terre à proximité.

Thornton utolsó küzdelmének nyomai látszottak a közeli földben.

Buck a suivi chaque trace, reniflant chaque marque jusqu'à un point final.

Buck minden nyomot követett, minden egyes jelet megszagolt a végső pontig.

Au bord d'un bassin profond, il trouva le fidèle Skeet, allongé immobile.

Egy mély medence szélén megtalálta a hűséges Skeetet, amint mozdulatlanul fekve fekszik.

La tête et les pattes avant de Skeet étaient dans l'eau, immobiles dans la mort.

Skeet feje és mellső mancsai a vízben voltak, mozdulatlanul a halálban.

La piscine était boueuse et contaminée par les eaux de ruissellement provenant des écluses.

A medence sáros volt, és a zsilipekből lefolyó víz szennyezte.

Sa surface nuageuse cachait ce qui se trouvait en dessous, mais Buck connaissait la vérité.

Felhős felszíne elrejtette, ami alatta rejlett, de Buck tudta az igazságot.

Il a suivi l'odeur de Thornton dans la piscine, mais l'odeur ne menait nulle part ailleurs.

Thornton szagát követte a medencében – de a szag sehova sem vezetett.

Aucune odeur ne menait à l'extérieur, seulement le silence des eaux profondes.

Semmilyen illat nem vezetett ki belőle – csak a mély víz csendje.

Toute la journée, Buck resta près de la piscine, arpentant le camp avec chagrin.

Buck egész nap a medence közelében maradt, bánatában fel-alá járkálva a táborban.

Il errait sans cesse ou restait assis, immobile, perdu dans ses pensées.

Nyugtalanul bolyongott, vagy mozdulatlanul ült, nehéz gondolatokba merülve.

Il connaissait la mort, la fin de la vie, la disparition de tout mouvement.

Ismerte a halált; az élet végét; minden mozgás eltűnését.

Il comprit que John Thornton était parti et ne reviendrait jamais.

Megértette, hogy John Thornton elment, és soha többé nem tért vissza.

La perte a laissé en lui un vide qui palpitait comme la faim.

A veszteség űrt hagyott benne, ami lüktetett, mint az éhség.

Mais c'était une faim que la nourriture ne pouvait apaiser, peu importe la quantité qu'il mangeait.

De ez egy olyan éhség volt, amit az étel nem tudott csillapítani, bármennyit is evett.

Parfois, alors qu'il regardait les Yeehats morts, la douleur s'estompait.

Időnként, ahogy a halott Yeehatekre nézett, a fájdalom alábbhagyott.

Et puis une étrange fierté monta en lui, féroce et complète.

És akkor furcsa büszkeség támadt benne, vad és teljes.

Il avait tué l'homme, le gibier le plus élevé et le plus dangereux de tous.

Embert ölt, ami a legnemesebb és legveszélyesebb játék mind közül.

Il avait tué au mépris de l'ancienne loi du gourdin et des crocs.

A bunkó és agyar ősi törvényét megszegve ölt.

Buck renifla leurs corps sans vie, curieux et pensif.

Buck kíváncsian és elgondolkodva szaglászott élettelen testükön.

Ils étaient morts si facilement, bien plus facilement qu'un husky dans un combat.

Olyan könnyen haltak meg – sokkal könnyebben, mint egy husky egy verekedésben.

Sans leurs armes, ils n'avaient aucune véritable force ni menace.

Fegyvereik nélkül nem éreztek igazi erőt vagy fenyegetést.

Buck n'aurait plus jamais peur d'eux, à moins qu'ils ne soient armés.

Buck soha többé nem fog félni tőlük, hacsak nem lesznek felfegyverezve.

Ce n'est que lorsqu'ils portaient des gourdins, des lances ou des flèches qu'il se méfiait.

Csak akkor óvakodott, ha bunkókat, lándzsákat vagy nyilakat vittek magukkal.

La nuit tomba et une pleine lune se leva au-dessus de la cime des arbres.

Leszállt az éj, és a telihold magasan a fák teteje fölé emelkedett.

La pâle lumière de la lune baignait la terre d'une douce lueur fantomatique, comme le jour.

A hold halvány fénye lágy, kísérteties nappalhoz hasonló derengésbe fürdette a földet.

Alors que la nuit s'approfondissait, Buck pleurait toujours au bord de la piscine silencieuse.

Ahogy egyre sötétedett, Buck még mindig gyászolta a csendes tó partját.

Puis il prit conscience d'un autre mouvement dans la forêt.

Aztán valami másfajta morajlásra lett figyelmes az erdőben.

L'agitation ne venait pas des Yeehats, mais de quelque chose de plus ancien et de plus profond.

A morajlás nem a Yeehat családtól származott, hanem valami régebbitől és mélyebbtől.

Il se leva, les oreilles dressées, le nez testant la brise avec précaution.

Felállt, fülét felemelve, orrával óvatosan simogatva a szellőt.

De loin, un cri faible et aigu perça le silence.

Messziről egy halk, éles sikoly hallatszott, ami megtörte a csendet.

Puis un chœur de cris similaires suivit de près le premier.

Majd hasonló kiáltások kórusa követte szorosan az elsőt.

Le bruit se rapprochait, devenant plus fort à chaque instant qui passait.

A hang közelebb ért, és minden egyes eltelt pillanattal erősödött.

Buck connaissait ce cri : il venait de cet autre monde dans sa mémoire.

Buck ismerte ezt a kiáltást – abból a másik világból jött, ami az emlékeiben élt.

Il se dirigea vers le centre de l'espace ouvert et écouta attentivement.

A nyílt tér közepére sétált, és figyelmesen hallgatózott.

L'appel retentit, multiple et plus puissant que jamais.

A hívás felhangzott, sokhangúan és erőteljesebben, mint valaha.

Et maintenant, plus que jamais, Buck était prêt à répondre à son appel.

És most, minden eddiginél jobban, Buck készen állt válaszolni a hívására.

John Thornton était mort et il ne lui restait plus aucun lien avec l'homme.

John Thornton halott volt, és semmiféle kötelék nem maradt benne az emberhez.

L'homme et toutes ses prétentions avaient disparu : il était enfin libre.

Az ember és minden emberi igény eltűnt – végre szabad volt.

La meute de loups chassait de la viande comme les Yeehats l'avaient fait autrefois.

A farkasfalka úgy kergette a prédát, mint egykor a Yeehat-ek.

Ils avaient suivi les orignaux depuis les terres boisées.

Jávorszarvasokat követtek le az erdős vidékekről.

Maintenant, sauvages et affamés de proies, ils traversèrent sa vallée.

Most, vadul és zsákmányra éhesen, átkeltek a völgyébe.

Ils arrivèrent dans la clairière éclairée par la lune, coulant comme de l'eau argentée.

Ezüstös vízként folytak ki a holdfényes tisztásra.

Buck se tenait immobile au centre, les attendant.

Buck mozdulatlanul állt középen, és várta őket.

Sa présence calme et imposante a stupéfié la meute et l'a plongée dans un bref silence.

Nyugodt, nagy jelenléte egy pillanatra elnémította a falkát.

Alors le loup le plus audacieux sauta droit sur lui sans hésitation.

Akkor a legbátrabb farkas habozás nélkül egyenesen ráugrott.

Buck frappa vite et brisa le cou du loup d'un seul coup.

Buck gyorsan csapott le, és egyetlen csapással eltörte a farkas nyakát.

Il resta immobile à nouveau tandis que le loup mourant se tordait derrière lui.

Mozdulatlanul állt ismét, miközben a haldokló farkas megpördült mögötte.

Trois autres loups ont attaqué rapidement, l'un après l'autre.

Még három farkas támadt gyorsan, egymás után.

Chacun d'eux s'est retiré en sang, la gorge ou les épaules tranchées.

Mindegyikük vérzőn vonult vissza, felvágott torokkal vagy vállakkal.

Cela a suffi à déclencher une charge sauvage de toute la meute.

Ez elég volt ahhoz, hogy az egész falka vad rohamra keljen.

Ils se précipitèrent ensemble, trop impatients et trop nombreux pour bien frapper.

Együtt rohantak be, túl lelkesen és zsúfoltan ahhoz, hogy jól csapjanak le.

La vitesse et l'habileté de Buck lui ont permis de rester en tête de l'attaque.

Buck sebessége és ügyessége lehetővé tette számára, hogy a támadás előtt maradjon.

Il tournait sur ses pattes arrière, claquant et frappant dans toutes les directions.

Hátsó lábain pördült, minden irányba csapkodott és csapkodott.

Pour les loups, cela donnait l'impression que sa défense ne s'était jamais ouverte ou n'avait jamais faibli.

A farkasok számára úgy tűnt, mintha a védekezése soha nem nyílt volna ki, vagy megingott volna.

Il s'est retourné et a frappé si vite qu'ils ne pouvaient pas passer derrière lui.

Megfordult és olyan gyorsan lecsapott, hogy nem tudtak mögé kerülni.

Néanmoins, leur nombre l'obligea à céder du terrain et à reculer.

Mindazonáltal a létszámuk arra kényszerítette, hogy engedjen a helyzeten és visszavonuljon.

Il passa devant la piscine et descendit dans le lit rocheux du ruisseau.

Elhaladt a medence mellett, és leereszkedett a sziklás patakmederbe.

Là, il se heurta à un talus abrupt de gravier et de terre.

Ott egy meredek kavicsos és földes partra ütközött.

Il s'est retrouvé coincé dans un coin coupé lors des fouilles des mineurs.

A bányászok régi ásása közben egy sarokvágásba csúszott.

Désormais protégé sur trois côtés, Buck ne faisait face qu'au loup de devant.

Buck, akit most három oldalról is védtek, csak az első farkassal nézett szembe.

Là, il se tenait à distance, prêt pour la prochaine vague d'assaut.

Ott állt távol, készen a következő támadási hullámra.

Buck a tenu bon si farouchement que les loups ont reculé.

Buck olyan dühösen tartotta magát, hogy a farkasok visszahúzódtak.

Au bout d'une demi-heure, ils étaient épuisés et visiblement vaincus.

Fél óra múlva kimerültek és láthatóan vereséget szenvedtek.

Leurs langues pendaient, leurs crocs blancs brillaient au clair de lune.

Nyelvük kilógott, fehér agyaraik csillogtak a holdfényben.

Certains loups se sont couchés, la tête levée, les oreilles dressées vers Buck.

Néhány farkas lefeküdt, felemelt fejjel, hegyezett fülekkel Buck felé.

D'autres restaient immobiles, vigilants et observant chacun de ses mouvements.

Mások mozdulatlanul álltak, éberen figyelték minden mozdulatát.

Quelques-uns se sont dirigés vers la piscine et ont bu de l'eau froide.

Néhányan odamentek a medencéhez, és hideg vizet kortyolgattak.

Puis un loup gris, long et maigre, s'avança doucement.

Aztán egy hosszú, sovány szürke farkas szelíden előrelopózott.

Buck le reconnut : c'était le frère sauvage de tout à l'heure.

Buck felismerte – a korábbi vad testvér volt az.

Le loup gris gémit doucement, et Buck répondit par un gémissement.

A szürke farkas halkan nyüszített, Buck pedig egy nyüszítéssel válaszolt.

Ils se touchèrent le nez, tranquillement et sans menace ni peur.

Csendesen, fenyegetés vagy félelem nélkül megérintették az orrukat.

Ensuite est arrivé un loup plus âgé, maigre et marqué par de nombreuses batailles.

Utána egy idősebb farkas következett, sovány és a sok csata által sebhelyes.

Buck commença à grogner, mais s'arrêta et renifla le nez du vieux loup.

Buck vicsorogni kezdett, de megállt, és megszagolta az öreg farkas orrát.

Le vieux s'assit, leva le nez et hurla à la lune.

Az öreg leült, felhúzta az orrát, és a holdra üvöltött.

Le reste de la meute s'assit et se joignit au long hurlement.

A falka többi tagja leült, és csatlakozott a hosszú üvöltéshez.

Et maintenant, l'appel est venu à Buck, indubitable et fort.

És most Buckhoz érkezett a hívás, félreérthetetlenül és erőteljesen.

Il s'assit, leva la tête et hurla avec les autres.

Leült, felemelte a fejét, és a többiekkel együtt üvöltött.

Lorsque les hurlements ont cessé, Buck est sorti de son abri rocheux.

Amikor a vonyítás véget ért, Buck kilépett sziklás menedékéből.

La meute se referma autour de lui, reniflant à la fois gentiment et avec prudence.

A falka körülvette, kedvesen és óvatosan szaglászva.

Les chefs ont alors poussé un cri et se sont précipités dans la forêt.

Aztán a vezetők felkiáltottak, és elrohantak az erdőbe.

Les autres loups suivirent, hurlant en chœur, sauvages et rapides dans la nuit.

A többi farkas követte, kórusban ugatva, vadul és gyorsan az éjszakában.

Buck courait avec eux, à côté de son frère sauvage, hurlant en courant.

Buck velük futott, vad testvére mellett, futás közben vonyítva.

Ici, l'histoire de Buck fait bien de se terminer.

Itt Buck története jól végződik.

Dans les années qui suivirent, les Yeehats remarquèrent d'étranges loups.

Az elkövetkező években a Yeehat család furcsa farkasokra lett figyelmes.

Certains avaient du brun sur la tête et le museau, du blanc sur la poitrine.

Némelyiknek barna volt a fején és az orrán, fehér a mellkasán.

Mais plus encore, ils craignaient une silhouette fantomatique parmi les loups.

De még jobban féltek egy szellemalaktól a farkasok között.

Ils parlaient à voix basse du Chien Fantôme, chef de la meute.

Suttogva beszéltek a Szellemkutyáról, a falkavezérről.

Ce chien fantôme était plus rusé que le plus audacieux des chasseurs Yeehat.

Ez a Szellemkutya ravaszabb volt, mint a legvakmerőbb Yeehat vadász.

Le chien fantôme a volé dans les camps en plein hiver et a déchiré leurs pièges.

A szellemkutya a tél mélyén táborokból lopkodott, és széttépte a csapdáikat.

Le chien fantôme a tué leurs chiens et a échappé à leurs flèches sans laisser de trace.

A szellemkutya megölte a kutyáikat, és nyomtalanul megszökött a nyilaik elől.

Même leurs guerriers les plus courageux craignaient d'affronter cet esprit sauvage.

Még a legbátrabb harcosaik is féltek szembenézni ezzel a vad szellemmel.

Non, l'histoire devient encore plus sombre à mesure que les années passent dans la nature.

Nem, a történet egyre sötétebbé válik, ahogy telnek az évek a vadonban.

Certains chasseurs disparaissent et ne reviennent jamais dans leurs camps éloignés.

Néhány vadász eltűnik, és soha nem tér vissza távoli táborába.

D'autres sont retrouvés la gorge arrachée, tués dans la neige.

Másokat feltépett torokkal, a hóban agyonverve találnak.

Autour de leur corps se trouvent des traces plus grandes que celles que n'importe quel loup pourrait laisser.

Testük körül nyomok húzódnak – nagyobbak, mint amiket bármelyik farkas képes lenne hagyni.

Chaque automne, les Yeehats suivent la piste de l'élan.

Minden ősszel a Yeehat-ek a jávorszarvasok nyomát követik.

Mais ils évitent une vallée avec la peur profondément gravée dans leur cœur.

De egy völgyet elkerülnek, a félelem mélyen a szívükbe vésődik.

Ils disent que la vallée a été choisie par l'Esprit du Mal pour y vivre.

Azt mondják, a völgyet a Gonosz Szellem választotta otthonául.

Et quand l'histoire est racontée, certaines femmes pleurent près du feu.

És amikor a történet elhangzik, néhány asszony sír a tűz mellett.

Mais en été, un visiteur vient dans cette vallée tranquille et sacrée.

De nyáron egy látogató érkezik abba a csendes, szent völgybe.

Les Yeehats ne le connaissent pas et ne peuvent pas le comprendre.

A Yeehat család nem tud róla, és nem is érthetnék.

Le loup est un grand loup, revêtu de gloire, comme aucun autre de son espèce.

A farkas hatalmas, dicsőséges bundában pompázó állat, semmihez sem fogható a fajtájából.

Lui seul traverse le bois vert et entre dans la clairière de la forêt.

Egyedül kel át a zöld erdőn, és lép be az erdei tisztásra.

Là, la poussière dorée des sacs en peau d'élan s'infiltre dans le sol.

Ott a jávorszarvasbőr zsákokból aranyló por szivárog a talajba.

L'herbe et les vieilles feuilles ont caché le jaune du soleil.

A fű és az öreg levelek eltakarták a sárgát a nap elől.

Ici, le loup se tient en silence, réfléchissant et se souvenant.

Itt a farkas csendben áll, gondolkodik és emlékezik.

Il hurle une fois, longuement et tristement, avant de se retourner pour partir.

Egyszer felüvölt – hosszan és gyászosan –, mielőtt megfordul, hogy elmenjen.

Mais il n'est pas toujours seul au pays du froid et de la neige.

Mégsem mindig van egyedül a hideg és hó földjén.

Quand les longues nuits d'hiver descendent sur les basses vallées.

Amikor hosszú téli éjszakák ereszkednek az alsó völgyekre.

Quand les loups suivent le gibier à travers le clair de lune et le gel.

Amikor a farkasok holdfényben és fagyban követik a vadat.

Puis il court en tête du peloton, sautant haut et sauvagement.

Aztán a falka élén fut, magasra és vadul ugrálva.

Sa silhouette domine les autres, sa gorge est animée par le chant.

Alakja a többiek fölé magasodik, torka dalra fakad.

C'est le chant du monde plus jeune, la voix de la meute.

Ez a fiatalabb világ dala, a falka hangja.

Il chante en courant, fort, libre et toujours sauvage.

Futás közben énekel – erős, szabad és örökké vad.

www.ingramcontent.com/pod-product-compliance
Lightning Source LLC
Chambersburg PA
CBHW011729020426
42333CB00024B/2809